PHILOSOPHIES CONTEMPORAINES
sous la direction de Jocelyn Benoist et Bruno Gnassounou
15

Le Monde selon Francis Wolff

Alain Policar

Le Monde selon Francis Wolff

Ontologie, éthique et anthropologie

Postface de Francis Wolff

PARIS
CLASSIQUES GARNIER
2021

Alain Policar est chercheur associé au Centre de recherches politiques de Sciences Po. Il a notamment publié *Ronald Dworkin ou la valeur de l'égalité*, *Comment peut-on être cosmopolite ?*, *Le libéralisme politique expliqué aux jeunes gens*, *Cosmopolitisme ou barbarie* et dirigé *Le cosmopolitisme sauvera-t-il la démocratie ?*.

ISBN 978-2-406-11211-2 (livre broché)
ISBN 978-2-406-11212-9 (livre relié)
ISSN 2426-0010

À tous ceux que j'aime et qui font de moi ce que je suis.

Être disciple de Socrate, cela consiste à chercher à réunifier les hommes entre eux au moyen d'une réunification de chacun avec lui-même ; à constituer un sujet moral comme un sujet de la vérité et penser tout ce qu'il fait comme émanant d'une instance absolument cohérente. Et c'est dans le "rapport à soi", dans la manière dont chacun est bien soi-même, seulement soi-même, en accord avec soi, et demeure *fidèle* à soi, que chacun est le même que tous. Chacun n'a donc qu'à être lui-même, c'est-à-dire le même que soi, *pour viser un seul Bien et le même que tous les autres*. C'est ce Bien que cherche à déterminer chacun des socratiques à sa façon, tous fidèles, chacun pour soi, à Socrate, et tous collectivement infidèles, comme le sont toujours, sans doute, les disciples.

Francis WOLFF, *Penser avec les Anciens. Un trésor de toujours*, Paris, Fayard, collection Pluriel, 2016, p. 256 (version corrigée de *L'Être, l'Homme, le Disciple. Figures philosophiques empruntées aux Anciens*, Paris, PUF, 2000.)

INTRODUCTION

Si l'on devait interroger le grand public cultivé, selon l'expression consacrée, sur les philosophes contemporains dont l'œuvre marque leur époque, il est improbable que celle, dense mais joyeuse et limpide, de Francis Wolff y figurerait. Il n'en serait pas attristé, compte tenu de l'embarrassante promiscuité à laquelle cette liste le contraindrait. Alors que les choyés des médias se pavanent en répétant, avec une inconsciente allégresse, les mêmes discours informes, souvent pompeusement nommés leçons de sagesse, d'autres cherchent, munis de leur seule rigueur, à dire le monde. Tâche modeste, parce qu'ils savent que l'exigence intellectuelle, loin des vains apparats, est à elle-même sa récompense, mais tâche ambitieuse parce que nulle question n'importe plus que celle qui porte sur ce qui est.

C'est à cette ambition que, depuis ses premières études sur les classiques de l'Antiquité, F. Wolff s'est consacré. Comment d'ailleurs être philosophe si l'on décide de mettre au rebut le questionnement ontologique ? La question n'est pas seulement rhétorique car la tentation est grande, et sans doute le fut-elle au siècle précédent plus encore qu'aujourd'hui, de sonner le glas des « vieilleries » que seraient devenues la métaphysique et l'ontologie[1]. Or, il est exclu de comprendre la pensée wolffienne sans mettre en lumière les articulations entre ses fondements

1 On peut certes distinguer les questions que posent l'une et l'autre, mais tout questionnement ontologique présuppose une métaphysique. On affirmera ainsi, avec Kevin Mulligan, que les questions ontologiques (Qu'est-ce qu'exister ? Qu'est-ce qu'une substance ?) sont plus fondamentales que les questions métaphysiques (Le temps est-il relationnel ? Sommes-nous libres ?) (Kevin Mulligan, « Métaphysique et ontologie », *in* Pascal Engel (dir.), *Précis de philosophie analytique*, PUF, 2000, p. 7.) Plus précisément, on dira que si la question de l'ontologie est *Qu'est-ce qui existe ?* et celle de la métaphysique *Quelle est la nature de ce qui existe ?*, il est difficile de poser l'indépendance de ces deux questions, ce qui signifie notamment que les désaccords métaphysiques produisent des divergences ontologiques. On notera que ce n'est pas le point de vue de ceux, tels les « nouveaux réalistes » (comme Markus Gabriel), qui se méfient de la métaphysique et veulent bâtir une ontologie sans elle.

ontologiques, ses engagements anthropologiques et ses choix éthiques. Cet ouvrage se veut avant tout un témoignage d'admiration[2]. Ayant assisté à de très nombreuses reprises aux « lundis de la philosophie » que F. Wolff organise, 24 fois par an[3], depuis 2004, nous avons pu mesurer son immense culture, son aisance à transmettre, son art d'exprimer, avec une généreuse attention, l'essentiel de la pensée de ses invités. Mais toutes ces qualités ne suffisent pas à justifier un travail exégétique sur un auteur. La réalité est que nous tenons F. Wolff pour l'un de nos contemporains les plus importants. Notre projet est évidemment de montrer en quoi. Nous notons, en passant, que notre point de vue est partagé par Roger-Pol Droit, lequel conclut une recension de *Trois utopies contemporaines* de la façon suivante :

> Francis Wolff préfère parler vrai que suivre l'air du temps. Avec le magistral *Pourquoi la musique ?* (Fayard, 2015), il avait signé une des analyses contemporaines les plus éclairantes. Lire Wolff s'avère indispensable[4].

C'est aussi l'avis d'André Comte-Sponville qui l'énonce avec une émouvante sincérité dans le témoignage livré aux auteurs d'un magnifique film, *Un philosophe dans l'arène*, consacré à F. Wolff et à son amour de la corrida[5]. Avant de commencer notre étude, nous souhaiterions insister sur la multiplicité de ses centres d'intérêt, multiplicité dont quelques exemples parmi les titres de ses ouvrages donnent un aperçu satisfaisant : *Socrate*, *Philosophie de la corrida*, *Notre humanité. D'Aristote aux neurosciences*, *Pourquoi la musique*, *Il n'y a pas d'amour parfait*, etc. Diversité qui est également celle de ses compétences, et qui indique, pour qui y prête attention, une préoccupation fondamentale, celle de répondre à la question, kantienne par excellence, « Qu'est-ce que l'homme ? ». S'il lui faut « dire le monde », c'est d'un monde de langage qu'il est question, non pour affirmer que sans le langage humain le monde n'existerait pas mais pour mesurer ce que le langage fait au réel. C'est dans ce monde-là que le besoin humain de philosophie s'exprime dans quelque chose d'universel et d'archaïque, le regard primitif de l'enfant sur le monde.

---

2 L'admiration n'est pas la complaisance. Si notre ambition principale reste l'exposition des thèses de F. Wolff, nous les interrogerons ici ou là dans l'objectif de les mieux comprendre.

3 12 fois depuis 2018-2019. Ce séminaire a pris fin en 2020.

4 Roger-Pol Droit, « Ni dieu ni bête », *Le Monde*, 5-11-2017, p. 12.

5 Le film, qui a rencontré un large public au Mexique, n'est hélas pas distribué en France. Il est l'œuvre de Aarón Fernández et Jesús Muñoz.

Afin d'apprivoiser l'étrangeté de celui-ci, l'enfant demande à tout propos « qu'est-ce que ? », « pourquoi ? » et même « qui[6] ? ». Le titre du livre annonce ses trois parties. Chacune d'elle s'efforcera d'être, en matière de clarté, à la hauteur de notre sujet. La principale difficulté est de devoir séparer l'exposition des thématiques, là où nous avons affaire à un *système*[7], c'est-à-dire avant tout à une pensée fondée sur la recherche de la cohérence. À de nombreux égards, ce souci de la cohérence va au-delà des contraintes exigées par l'exercice intellectuel. Il correspond en effet à une exigence éthique, la nécessité de la justification, et politique, la délibération comme moyen d'y parvenir. On l'aura compris, les liens entre ontologie, éthique et anthropologie sont si consistants que leur examen séparé ne relève que de la nécessité de l'exposition didactique. Nul doute qu'une infinité d'autres choix pour y parvenir étaient envisageables, mais il fallait mettre un peu d'ordre. Qu'il nous soit permis de préciser, même si cela va sans dire, que nous n'avons pas cherché à être exhaustif mais, plus modestement, à donner envie de connaître une pensée dont la richesse est inépuisable.

Dans un premier temps, nous nous demanderons ce que nous pouvons dire du monde et, surtout, quel rapport pratique nous entretenons avec lui. Ce faisant, nous énoncerons les lignes de force de l'ontologie de F. Wolff et nous montrerons que celle-ci détermine les fondements d'une épistémologie et, surtout, d'une éthique. L'ontologie donnant sa cohérence à l'ensemble de l'édifice, le lecteur comprendra la place que nous avons cru bon de lui donner.

C'est à dégager les principes de l'éthique de F. Wolff que nous consacrerons la deuxième partie. Nous montrerons pourquoi le philosophe fait de l'*interrogatif éthique* son fondement, et nous en verrons les conséquences quant à l'orientation d'une politique.

Enfin, dans la dernière partie, nous nous efforcerons de dégager les lignes de force d'une anthropologie, en parcourant d'abord ses chemins de

---

6 Interrogé par Martin Legros, en juin 2016, F. Wolff avait écrit : « Philosopher, c'est *chanter comme un castrat* : avec une voix d'enfant et une technique d'adulte », *Philosophie magazine*, n° 100, p. 59. Dans un texte récent, il s'inspire de l'art de questionner que développe l'enfant, de son insatisfaction originaire, de sa curiosité insatiable, et en déduit que « le philosophe adulte qui a gardé sa voix d'enfant est forcément métaphysicien », F. Wolff, « Nous avons tous été philosophes », *in* Jean Birnbaum (dir.), *Tous philosophes ?*, Paris, Folio Gallimard, 2019, p. 47. Remarquons que c'est ainsi que procède Wittgenstein dans ses *Recherches philosophiques* (ouvrage achevé en 1949 mais publié en 1953, à titre posthume).

7 Il n'est pas certain que F. Wolff reconnaîtrait le bienfondé de cette dénomination.

traverse, la musique et l'amour, lesquels, en réalité, parlent de l'humanité, avant d'énoncer les principes d'un humanisme universaliste fondé sur la rationalité dialogique.

Ce faisant, nous espérons montrer que F. Wolff ne se contente pas de parler juste : il parle également neuf[8]. F. Wolff a accepté de donner une longue postface. Consubstantielle à l'ouvrage, elle justifie, à elle seule, notre travail. Qu'il trouve ici le témoignage de notre reconnaissance émue.

8 Nous utilisons ici la façon dont F. Wolff rend compte de la préférence d'André Comte-Sponville pour le juste, fût-ce au détriment du neuf : F. Wolff, « Tentative de définition du philosophe André Comte-Sponville », *Les Cahiers de l'Herne* (consacrés à André Comte-Sponville), 2020, p. 18.

ONTOLOGIE

Des mots aux choses[1]

Lorsqu'il publie *Dire le monde* (1997), F. Wolff a acquis une expertise dans le domaine de la philosophie antique avec, notamment, *Socrate* (en 1985) ou *Aristote et la politique* (en 1991). Le dernier nommé pose d'ailleurs les bases du rapport de son auteur à la politique sur lequel nous reviendrons longuement dans la deuxième partie. Mais si nous mentionnons cette familiarité avec les grands anciens, c'est avant tout pour affirmer que *Dire le monde* s'émancipe largement de cette précieuse influence pour proposer une œuvre propre et non celle d'un estimable historien de la philosophie.

Avant d'exposer les engagements fondamentaux de l'auteur, nous souhaitons revenir sur la question, évoquée dans notre première note, des rapports entre ontologie et métaphysique. Dans la perspective de F. Wolff, la liste de ses travaux en témoigne, les deux champs disciplinaires sont inextricablement liés. Comment *classer* ce qui existe sans *spécifier* ce qui existe ? Autrement formulée, la question équivaut à se demander quelles sont les catégories les plus larges que contient le monde ? Ou encore, quelles sortes de choses contient-il ?

S'il fallait un autre indice du caractère artificiel de la séparation entre métaphysique et ontologie[2], on le trouverait chez Husserl (avant son tournant idéaliste, à l'issue duquel il ne sacrifie toutefois pas, comme en

1 Ce titre est évidemment un clin d'œil à Michel Foucault que F. Wolff a envisagé de choisir comme directeur de thèse (avant de se tourner vers Pierre Aubenque).

2 L'histoire de la philosophie montre à quel point ces notions sont intriquées. En effet, dans la tradition antique et médiévale, l'ontologie est une des définitions (ou encore une des « branches ») de la métaphysique. Mais dans la tradition moderne (post-cartésienne), la métaphysique (ou « philosophie première ») est connaissance rationnelle des réalités suprasensibles (l'âme et Dieu). Dans la théorie dogmatique, dont hérite Kant, la métaphysique a deux types d'objet, elle est *generalis* (l'être en général, soit l'ontologie) ou *specialis* (l'être particulier qu'est Dieu dont tous les êtres tirent leur être). Ce que nous devons retenir est que pour F. Wolff, l'ontologie est, dans une perspective aristotélicienne, une des tâches de la métaphysique.

témoigne *La crise des sciences européennes*, l'intérêt pour les essences dont une description réaliste est envisagée à partir des faits de conscience). Dans ses *Recherches logiques* (1900), le phénoménologue, sous l'influence de Franz Brentano, se propose d'analyser les objets en général, ce qui relève de l'entreprise métaphysique. Mais comme ces objets étaient décrits essentiellement du point de vue de leur forme, l'histoire de la philosophie évoque l'*ontologie formelle* d'Husserl. On n'aurait guère de mal à multiplier les exemples d'œuvres fondamentales qui se refusent à la séparation[3]. Les interrogations sur ce que contient le monde indiquent un autre lien, tout à fait essentiel dans l'œuvre de F. Wolff, celui entre la métaphysique et la science, lesquelles possèdent un objet d'étude commun, le monde. Entre le point de vue de la physique (qui se demande ce qu'il y a) et celui de la métaphysique (qui s'interroge sur la nature de ce qu'il y a), le lien est constitutif. La métaphysique prend au sérieux les objets de la science. Cette dernière présuppose la métaphysique et celle-ci est irréductible à la science[4]. Ce rappel nous a semblé d'autant plus nécessaire que les thèses, très sophistiquées, de F. Wolff pourraient laisser croire à un lecteur pressé que l'importance accordée au langage détermine une certaine distance à l'égard de l'entreprise scientifique. Il n'en est rien.

LE LANGAGE ET LE MONDE

Le langage fait monde, écrit F. Wolff. Cette affirmation, décisive, signifie, non que ce « monde » est confondu avec la réalité mais que le monde se construit, pour nous, dans et par le langage. Ainsi que le souligne Luiz Henrique Lopes dos Santos, nous nommons des choses présupposées comme définissables et nous énonçons des événements que nous supposons explicables[5]. D'où l'idée que « le monde est tout ce qu'on peut en dire ». Il ne serait donc pas possible d'avoir accès à une réalité en

3 Sur ces questions, voir l'excellent site de François Loth : francoisloth.com

4 C'est pourquoi nous avons insisté sur les liens entre la métaphysique et l'épistémologie.

5 Luiz Henrique Lopes dos Santos, « Le langage est un monde », *in* F. Wolff, *Dire le monde*, Paris, Fayard, 2020, p. 385. Cet ouvrage reprend le livre de 2004 augmenté d'un « Avertissement », de six études critiques et des réponses de F. Wolff à celles-ci.

soi. Ainsi nous voyons le monde comme nous le disons. Et comment le disons-nous ? Comment notre langage-monde est-il structuré ? Ce type de questions peut susciter de profonds malentendus. La proposition de l'auteur ne signifie pas que « tout est langage » ou que le réel se réduit au langage. Elle dit même tout le contraire : « Le langage fait du réel un *monde*[6] ». Il serait erroné de comprendre cette formulation comme signifiant que le réel n'aurait pas d'existence indépendamment de celui qui peut le dire, ce qui serait une manière de dissoudre les problèmes métaphysiques. Cette précision est nécessaire car certains commentateurs ont réduit la tentative de F. Wolff à un engagement strictement idéaliste. Interprétation d'autant plus fragile qu'à aucun moment F. Wolff ne prétend que l'étude du langage s'épuise dans celles des structures qui sous-tendent nos phrases, ni des isomorphismes qui relient ces structures à celles de la réalité. S'il est compatible de prétendre que le monde en soi existe et que celui-ci ne peut être conçu par le sujet, la position de F. Wolff semble proche du *corrélationisme*[7] (tel que le définit Quentin Meillassoux en 2006 dans *Après la finitude*), au sens où les propriétés objectives que nous croyons attribuer aux objets du monde sont en fait subjectives. Nous verrons plus bas qu'en fait il est très contestable de qualifier ainsi l'ontologie wolffienne : le corrélationisme, quoi que puissent en penser ses partisans, n'est pas compatible avec un authentique réalisme (voir note 1). Les sources de la philosophie de F. Wolff sont à rechercher dans le réalisme antique, lequel « n'a rien de naïf » : « Il est simplement le corollaire d'une donnée immédiate du *logos* : l'expérience du *dialogue*[8] ». D'où l'idée centrale selon laquelle penser, c'est se parler à soi-même comme un autre, autrement dit c'est « intérioriser l'objectivité interlocutive[9] ». C'est ainsi que l'on entre, par la possibilité de la contradiction, dans la communauté des hommes et des choses. Si nous pouvons parler du monde, c'est parce que « nous pouvons nous contredire sur ce qui arrive aux choses[10] ». Dès 1991, dans *Aristote et la politique*, F. Wolff insiste sur une idée structurante :

6 F. Wolff (1997), *Dire le monde*, Paris, Quadrige, 2004, p. 6.

7 On traduit généralement cette position philosophique par l'idée selon laquelle nous ne pouvons avoir accès qu'à la *corrélation* de la pensée et de l'être, et jamais à l'un de ces termes pris isolément.

8 F. Wolff, *Dire le monde*, *op. cit.*, 2004, p. 11.

9 *Ibid.*

10 L. H. Lopes dos Santos, art. cité, 2020, p. 384.

« Parler l'humain, ce n'est ni s'exprimer, ni communiquer, c'est mettre en commun les valeurs du commun[11] ». Pour cette tentative, ainsi qu'il la nomme, de « pensée moderne du *logos* ancien », encore faut-il connaître ce que les grands philosophes de l'Antiquité ont théorisé. Mais il est auparavant nécessaire de dire quelques mots sur la façon de faire de l'histoire de la philosophie. Philosopher, selon F. Wolff, « consiste essentiellement à soutenir des thèses, non sur des *dicta*, mais sur des *realia* – et ceux-ci incluent le langage ». Et il ajoute, précision cruciale, « si philosopher c'est prétendre au vrai, utiliser philosophiquement un auteur, un texte, un argument, un concept, c'est les prendre dans *leur* vérité ». Dit autrement, les textes doivent être lus « en ayant avant tout *égard* à la prétention de vérité qu'ils contiennent[12] ». Nulle incompatibilité, par conséquent, entre ce qu'un auteur du passé voulait dire et ce que ses écrits veulent dire pour nous[13]. C'est très précisément ce que rappelle F. Wolff lorsqu'il se demande comment concilier la pérennité des positions philosophiques d'un texte du passé avec la singularité historique et philologique de celui-ci :

> Il convient d'être fidèle à son enracinement dans un temps et une langue, mais sans le réduire à cette dimension afin de pouvoir l'installer dans l'espace logique des concepts et des arguments, sans lequel il n'y a pas de philosophie[14].

On perçoit la distance ainsi mise entre la perspective de l'auteur et les facilités que s'octroient toutes les occurrences du relativisme, qu'elles se nomment historicisme ou sociologisme. F. Wolff ne craint pas d'avouer vouloir renouer avec le questionnement classique, « et même métaphysique[15] », ce qui exige de prendre le monde pour objet et non le point d'où il est vu (même si la légitimité de cette seconde approche n'est pas contestée). Dès lors, pour répondre à la question « Que pouvons-nous dire du monde ? », il élabore ce qu'il nomme une thèse *critique*, éloignée à la fois du dogmatisme métaphysique et du relativisme linguistique. L'argument central de cette thèse est que l'on ne peut distinguer « dans la manière dont le langage s'empare du monde (ou dans celle dont le

11 F. Wolff, *Aristote et la politique*, Paris, PUF, 1991, p. 71.
12 F. Wolff, *Dire le monde*, *op. cit.*, 2004, p. 14 (pour ces trois dernières citations).
13 Voir Pascal Engel, « Retour aval », *Les Études Philosophiques*, n° 4, 1999, p. 453-463.
14 F. Wolff, *Dire le monde*, *op. cit.*, 2020, p. 546.
15 F. Wolff, *Dire le monde*, *op. cit.*, 2004, p. 26.

monde vient au langage) ce qui revient à l'un et à l'autre[16] ». F. Wolff, ainsi que le souligne Élise Marrou, défend une clause d'indissociabilité : « La question de l'antécédence ou de la priorité du dire sur le monde ou du monde sur le dire ne saurait être tranchée[17] ». Indissociabilité donc entre langage et monde, entre objectivité et interlocution, entre sujet et prédicat[18].

QUE POUVONS-NOUS DIRE DU MONDE ?

Pour le dogmatisme métaphysique, la question susmentionnée est une question sur le monde, lequel serait constitué d'entités fixes (Hilary Putnam, favorable au *réalisme interne*[19], parle d'externalisme[20] pour désigner cette perspective). Dire le monde, c'est alors dire ce qu'il est en soi. Le langage n'est alors que le moyen de le dire. Mais peut-on vraiment saisir le monde en soi, compte tenu de la pluralité des langues, lesquelles déterminent une certaine vision du monde ? Comment alors échapper au relativisme et donc à son indésirable conséquence : « À chacun son monde, selon sa langue » ? Tout ce que nous pouvons dire du monde est inscrit dans la forme *a priori* du langage (et non des *langues*). De cet enfermement, nous ne pourrions sortir. Le dogmatisme métaphysique n'est néanmoins pas aussi désarmé que nous pourrions, trop rapidement, le croire. Bien que chaque langue procède à son propre découpage sémantique, il existe des propriétés du monde, générales et constantes, qui échappent à tout relativisme linguistique. Toute langue « reconnaît des êtres déterminés, stables et permanents[21] » et, quelle que soit la langue, des événements se produisent, des êtres agissent. F. Wolff, même si nous le soupçonnons de nourrir plus de sympathie pour le « dogmatisme » métaphysique que pour le relativisme linguistique,

16 F. Wolff, *Dire le monde*, *op. cit.*, 2020, p. 458.

17 Élise Marrou, « Dire sous condition(s) », *in* F. Wolff, *Dire le monde*, *op. cit.*, 2020, p. 474-475.

18 Nous verrons *infra* que se trouve ainsi exclue la possibilité de l'idéalisme.

19 Carlos Ulises Moulines, « Un monde contradictoire est-il possible ? » *in* F. Wolff, *Dire le monde*, *op. cit.*, 2020, p. 401, considère à juste titre, à notre sens, que le réalisme interne de Putnam est un idéalisme camouflé. Mais en qualifiant ainsi la position de F. Wolff, il nous semble faire fausse route (voir *infra* notre discussion du réalisme wolffien).

20 On trouvera l'exemple d'une position résolument externaliste chez Frédéric Nef, notamment dans *L'Anti-Hume. De la logique des relations à la métaphysique des connexions*, Paris, Vrin, 2017. Pour F. Nef, le concept de *connexion* possède une existence ontologique : la connexion est selon lui le réquisit absolu à toute ontologie, qu'elle soit ou non substantialiste.

21 F. Wolff, *Dire le monde*, *op. cit.*, 2004, p. 30.

propose d'admettre la vérité des deux perspectives. Le point de vue critique qu'il défend se fonde alors sur l'idée que, bien qu'il soit inévitable de croire que le monde existe sans langage pour le dire, on ne peut néanmoins rien dire du monde en soi :

> Il est strictement impossible de savoir s'il y a des choses pour nous parce que nous pouvons les nommer, ou si nous pouvons nommer les choses parce qu'il y en a dans le monde[22].

D'où la conclusion, inacceptable pour un relativiste (d'où notre scepticisme quant à la possibilité de maintenir la balance égale entre les deux visions), selon laquelle « pour savoir ce qu'est le monde, il suffit de savoir comment on le dit *nécessairement*[23] ». F. Wolff propose ainsi de passer de la question « Qu'est-ce qui constitue le monde ? » à la question « Que doit être le monde pour que nous puissions le dire ? », changement de perspective incontestable. Peut-on affirmer pour autant qu'il s'émancipe de l'illusion métaphysique (celle de l'existence du monde en soi) ? La référence à P. F. Strawson[24], fréquente dans son œuvre, jette un doute : le philosophe d'Oxford parle d'un « schème conceptuel » par lequel nous sommes capables de désigner des individus dans le monde, schème spécifique à la sorte de créatures que nous sommes. En parlant de « structure prédicative » (synonyme acceptable de « schème conceptuel[25] »), et en soulignant son importance, F. Wolff ne dégage pas vraiment la consistance du passage revendiqué d'une position métaphysique à une position critique, passage incertain dans la mesure où l'analyse du langage est le moyen par lequel il choisit de résoudre certaines questions métaphysiques. Pourrait-il alors y avoir autant de mondes possibles que de langages possibles[26] ? Il convient de reconnaître l'extrême ambition du modèle grâce auquel l'auteur envisage la résolution de questions fondamentales, telles que « comment dire le monde pour le comprendre ?

22 *Ibid.*, p. 32.

23 *Ibid.*

24 Elle souligne, si besoin était, le rapport attentif de F. Wolff à la philosophie analytique, notamment dans la fonction thérapeutique de celle-ci : nous débarrasser des concepts inutiles et, surtout, des raisonnements erronés.

25 Bien que, pour Strawson, le schème conceptuel ne corresponde qu'à la structure prédicative, alors que F. Wolff lui adjoint la structure indicative.

26 Nous reprenons ici une objection de Luiz Henrique Lopes dos Santos, art. cité, 2020, p. 390. On lira la réponse de F. Wolff, *op. cit.*, 2020, p. 393-394 dans laquelle il affirme qu'il n'y a qu'un langage et qu'un monde, précisément ce qu'il nomme le langage-monde.

comment en parler pour y agir ? [...] comment apparaîtrait le monde sous d'autres conditions du langage ? que devrait être le langage pour que d'autres mondes apparaissent ? pour que l'on puisse tout savoir[27] ? ». Cet exaltant programme mobilise les impressionnantes connaissances des classiques grecs. Et d'abord Platon, et particulièrement un passage du *Sophiste* dans lequel l'Étranger, dans son dialogue avec Théétète, évoque deux parties du discours, « l'un étant appelé "noms", et l'autre "verbes" » (262a)[28]. Et il précise qu'à partir de noms seuls dits ensemble, il n'est pas de *logos* possible, ni non plus à partir de verbes dits séparés des noms. Un *logos* doit nécessairement être *logos* de/sur quelqu'un ou quelque chose, le contraire étant impossible :

> Bien sûr, n'étant sur rien ni personne, il ne serait pas du tout un *logos*, car nous avons fait voir que c'était de l'ordre des choses impossibles qu'étant un *logos*, il soit *logos* sur rien ni personne (263c).

Les noms disent les choses et les verbes disent les événements. Notre langage-monde est donc fait pour attribuer des accidents à des substances, langage prédicatif et, suivant ici Aristote, c'est ce caractère qui précisément structure notre façon de voir le monde et d'en percevoir l'ontologie.

UN RAPPORT PRATIQUE AU MONDE

Mais, pourrait-on objecter, où est ici l'originalité de la pensée de l'auteur, lequel se place résolument sous l'autorité des maîtres de l'Antiquité ? Elle se situe dans l'exploration de l'hypothèse de deux autres langages-monde possibles, c'est-à-dire fonctionnant selon d'autres règles qui ne seraient pas celles de la prédicativité. Car ce que n'ont perçu ni Platon, ni Aristote, c'est l'existence d'un paradoxe : la prédicativité

27 F. Wolff, *Dire le monde*, *op. cit.*, 2004, p. 33. Il faut insister sur l'ambition de ce modèle : chez les auteurs contemporains, peu d'entreprises philosophiques peuvent lui être comparées, à l'exception sans doute de celle de Robert Brandom dont la question essentielle, posée au début de *Rendre explicite*, est « Qui sommes-nous ? ». Il s'agit pour R. Brandom de clarifier la nature du conceptuel, c'est-à-dire d'identifier les capacités fondamentales que possèdent les êtres qui savent utiliser les concepts, « rendre explicite pour nous ce que nous sommes », R. Brandom (1994), *Rendre explicite*, Paris, Cerf, 2011, p. 58-59.

28 Cette distinction n'est pas identique à celle qu'introduira Aristote entre sujet et prédicat. La première est sémantique, la seconde syntaxique. Mais F. Wolff s'est efforcé de montrer pourquoi, à un certain niveau de structure profonde, ces deux distinctions pouvaient être rabattues l'une sur l'autre (voir « Préface » de *Dire le monde*, *op. cit.*, 2004, note 2, p. 11).

relève de deux logiques opposées dont elle effectue la conciliation. Voyons ce point d'un peu plus près.

Le premier des langages-monde imaginé par l'auteur est celui de l'identité pure et le second celui de l'événementialité pure. Ces deux fictions jouent le rôle de pierre de touche pour dégager les limites de notre monde ou encore sa structure. Dans la première fiction, on suppose un monde d'essences. Dans le langage qui dit ce monde, un mot a un sens si et seulement s'il se réfère à une seule chose. La distinction entre désigner et attribuer n'a plus lieu d'être. Dans ce monde, parler c'est nommer et seulement nommer. Nous sommes en présence d'un langage qui « épouse vraiment toute la richesse du monde : dire quoi que ce soit qui ait un sens déterminé, c'est désigner un individu et un seul[29] ». Le langage peut ici nommer à l'infini, mais sans jamais prédiquer. Comme l'écrit Platon : « Chaque chose est à elle-même la même » (*Sophiste*, 254d)[30]. Il s'agit donc d'un langage-monde *absolument* non contradictoire puisque « la nécessité de la nomination rend impossible la contradiction objective, et l'impossibilité de la prédication rend la contradiction interlocutive tout aussi impossible[31] ». Bien entendu, il ne peut y avoir de changement dans ce langage-monde puisque la seule phrase dotée de sens est la proposition d'identité. En somme, « un monde constitué d'un ensemble discret de choses sans événements », dans lequel rien ne peut arriver, « un monde intégralement parménidien où rien ne pourrait être attribué à rien[32] ». À l'inverse, dans la seconde fiction, tout ne serait qu'accident. Tout changerait sans qu'aucun substrat fixe ne demeure. Parler, ce n'est plus nommer, c'est verbaliser. Si, dans le précédent, l'identité réalisait l'essence de la non-contradiction, dans ce langage-monde-ci se réalise l'essence de la contradiction car, livré au pur changement, ce langage-monde n'aurait pas à se soumettre au principe de contradiction. Dans ce monde « intégralement héraclitéen, l'attribution ne serait pas davantage possible que dans le précédent, car il n'y aurait ni sujet, ni substance auxquels rapporter l'attribution[33] ».

---

29 *Ibid.*, p. 67.

30 Cité par l'auteur, *ibid.*, p. 69.

31 *Ibid.*, p. 71.

32 Pierre Macherey, « Francis Wolff. Dire le monde », *Les études philosophiques*, 2001/1, n° 56, p. 110.

33 *Ibid.*, p. 111. Nous verrons que F. Wolff parle de la musique comme d'un monde intégralement héraclitéen.

Pierre Macherey souligne subtilement que ces deux langages-mondes, s'ils sont des fictions, sont des fictions pensables (on peut les décrire de façon cohérente) et, de surcroît, non entièrement dénuées de références dans la réalité. Le premier ressemble au monde des idéalités mathématiques, « telles qu'elles sont conçues par Platon comme un modèle pour toute réalité, plus réelles encore, du fait de leur immutabilité, que tout ce que nous reconnaissons ordinairement comme réel[34] ». Quant au second, il ressemble à la dynamique perpétuelle du discours musical (dont F. Wolff est un spécialiste). Dès lors, « notre langage-monde entreprend de dire ensemble la mathématique des choses et la musique des événements, en harmonisant les choses et en ordonnant les événements[35] ». Plus précisément, il s'agit de percevoir ce que doit être le monde pour que les deux questions sus-énoncées prennent sens. En premier lieu, un monde d'individus à propos desquels on peut se demander ce qu'ils sont. Ensuite, un lien entre ces individus qui rende compte de l'événementialité du monde. Ces deux questions, censées correspondre à tout ce que nous voulons savoir du monde, ne relèvent pas de la même logique. Imaginer que « le secret du "Pourquoi ?" se trouve dans l'élucidation du "Qu'est-ce que ?" […] ou, à l'inverse, que le secret du "Qu'est-ce que ?" se trouve dans le "Pourquoi ?"[36] », c'est commettre l'erreur de Platon, autrement dit croire que les noms et les verbes suffisent à saisir et à maîtriser le monde. Nous disposons en réalité d'autres mots, qui ne disent ni les choses ni les événements : ils servent à indiquer (P. Macherey cite : ici, maintenant, je, tu, nous) et, dès lors, « ne sont guère susceptibles d'être mis en musique ou en mathématique[37] ». Cette structure (indicative) suppose un engagement dans le monde en première personne. Elle pose une nouvelle question (qui ?) et, dès lors, rend possible l'existence de personnes et d'actions. Ces autres mots servent à dire le monde, non de l'extérieur et d'un point de vue désengagé, mais en y prenant position. Nous parlons du monde non à son sujet mais à partir de lui. Nous instaurons un *rapport pratique* au monde qui ne passe plus par la structure du langage-monde : la parole-monde est une parole en perspective. Par elle, nous faisons le monde

34 *Ibid.*
35 *Ibid.*
36 *Ibid.*, p. 112.
37 *Ibid.*, p. 113.

au sens où nous y *agissons*. Il s'agit donc, question déterminante, de se demander *qui agit*. Cette construction fictionnelle permet de comprendre ce qu'est réellement notre monde, à savoir un mixte des deux fictions au sein duquel se posent les questions « qu'est-ce que ? », qui concerne les choses, et « pourquoi ? », qui concerne les événements. Et il y a aussi des personnes qui sont plutôt *au* monde que *dans* le monde[38]. L'artifice auquel recourt F. Wolff est en réalité une *méthode*. L'usage du principe de symétrie, dont nous reparlerons[39], ici illustré par l'opposition entre un monde d'essences pures (sujets sans prédicats) et un monde d'événements purs (prédicats sans sujets), est certes une construction intellectuelle, mais, surtout, il est fondé dans la *nature* de l'esprit ou, si l'on préfère, dans les deux principes de la raison, le principe d'identité et celui de raison suffisante. Notre monde réel, situé à l'entrecroisement de ces mondes fictifs, est dès lors défini comme ce à quoi nous donne accès « la structure elle-même entrecroisée de notre langage, entrelacs de noms (comme pour répondre au *qu'est-ce que*) et de verbes (comme pour répondre au *pourquoi*) ou plutôt syntaxiquement formé selon l'entrecroisement du sujet et du prédicat : S est P[40] ». Pour faire ontologiquement un monde humain, aux noms et aux verbes, nous verrons qu'il faut adjoindre des personnes agissantes. Nous pourrions être tentés de penser que ce monde réel serait la synthèse des deux mondes fictifs. En fait, ces derniers sont des abstractions, des idéals-types (au sens de Weber) : ne pouvant être parfaitement réalisés, ils servent à éclairer la nature de notre monde. Mais, si nous pouvons parler des choses à l'infini, « toutes ces assertions ne totaliseront jamais le monde et n'épuiseront jamais ni l'exigence de dire ce qu'il est ni l'exigence de dire pourquoi il est tel, parce qu'elles n'épuiseront jamais les vérités que nous pouvons dire prédicativement du monde, qui n'est rien d'autre que le langage-monde qui nous permet de nous parler les uns aux autres à l'infini[41] ». Autrement dit, la question essentielle est de se demander ce que doit être ce monde, dans lequel existent des personnes et des actes, pour que nous puissions en parler. Dans la philosophie de F. Wolff, nous y avons insisté dès les premières

---

38 Mais l'existence des personnes et des actes ne concerne pas l'investigation du « qu'est-ce que ? » et du « pourquoi ».

39 Il n'est pas certain qu'il faille parler de *principe*.

40 Francis Wolff, *Dire le monde*, *op. cit.*, 2004, p. 109-110.

41 *Ibid.*, p. 118.

pages du présent ouvrage, l'ontologie entretient des liens étroits avec l'éthique puisque nous passons du « qu'est-ce que ? » et du « pourquoi ? » au « qui ? ». Qui agit ? Car, pour que le monde puisse avoir un sens éthique, il faut bien que quelqu'un agisse. En fait, l'ambition du philosophe est de présenter un cadre général à l'intérieur duquel nous trouvons une théorie des relations entre ce que nous disons et ce dont nous parlons, mais aussi un inventaire des conditions auxquelles cette théorie devient elle-même la base d'une éthique originale.

Peut-être alors faudrait-il que nous puissions imputer une responsabilité à celui qui agit ? Non, répond F. Wolff, l'éthique n'est pas le droit, et seul ce dernier exige l'imputation à une *personne*, laquelle est « l'effet d'une problématisation judiciaire du problème éthique[42] ». Serait-il dès lors possible « de dire et de comprendre que quelqu'un agisse sans imputer l'acte à un *sujet*[43] » ? Oui, à condition de distinguer la personne et le « Je ». Nous reviendrons, dans la deuxième partie, sur cette problématique, tout à fait centrale car elle dessine le chemin qu'emprunte l'éthique wolffienne. Mais, auparavant, il convient de justifier notre hypothèse de l'existence de rapports inextricables entre ontologie et métaphysique.

DE L'ONTOLOGIE À LA MÉTAPHYSIQUE (ET RETOUR)

On ne peut qu'être frappé par la constance des engagements ontologico-métaphysiques de F. Wolff. Ainsi, dans un texte écrit 21 ans après *Dire le monde*, il rappelle son choix en faveur de l'analyse du langage pour résoudre certaines questions métaphysiques, choix qu'il oppose à deux autres : s'en prendre au langage au nom de la métaphysique ou s'en prendre à la métaphysique au nom du langage[44]. L'idée que le langage est impuissant à atteindre la nature des choses a été défendue de deux façons. Dans la première, on n'atteint la véritable connaissance

42 *Ibid.*, p. 151. Car on suppose que l'auteur de l'acte est aujourd'hui le même que celui qui a agi dans le passé.

43 *Ibid.*, p. 150.

44 F. Wolff, « Langage et métaphysique » *in* Gilles Kévorkian (dir.), *Métaphysiques contemporaines*, Paris, Vrin, 2018, p. 23-47.

métaphysique que par le dépassement du langage et, dans la seconde, on doit dépasser la métaphysique pour atteindre la vraie nature du langage[45]. La tentative de prendre contre la métaphysique le parti du langage exprime l'illusion du métaphysicien lequel, croyant parler du monde en soi, ne fait que parler sa langue. On retrouve ici l'hypothèse contemporaine formulée par Benjamin Whorf, celle du *relativisme perceptuel*, selon laquelle « nous découpons la nature en suivant les pointillés tracés par la langue que nous parlons [...] Le monde s'offre à nous sous la forme d'un flux kaléidoscopique d'impressions que nous devons organiser et cette organisation est le fait du système linguistique qui est dans notre esprit[46] ». Auparavant, Edward Sapir a défendu l'idée que « "le monde réel" est largement construit à partir des habitudes de langage d'une communauté. Les mondes dans lesquels vivent des sociétés distinctes sont des mondes différents et non le même monde auquel seraient accrochées des étiquettes distinctes[47] ». En évoquant ce fort discutable point de vue, on parle désormais de l'hypothèse de Sapir-Whorf[48]. Selon ce type de relativisme, un homme ne *verrait* que ce que ses concepts lui imposeraient d'en *penser*. Autrement dit, « un homme ne pourrait *penser* à propos de quoi que ce soit, donc à propos de ce qu'il perçoit, que ce que son langage public lui permettrait d'*exprimer*[49] ». F. Wolff dégage clairement les conséquences de cette critique : la métaphysique, ne faisant que refléter les présupposés du langage dans lequel elle s'exprime, ne saurait aspirer à la vérité. Dès lors, le philosophe contemporain se penchera sur le sens de cette quête de la vérité, sur notre volonté de vérité (voie nietzschéenne) ou la dénoncera comme pur non-sens (Wittgenstein[50]). Cruel destin de la

45 Nous n'examinerons pas ici cette seconde voie, Heidegger étant aussi éloigné de la philosophie de F. Wolff que de la nôtre.

46 Benjamin Lee Whorf, *Thought and Reality*, Boston, MIT Press, 1954, p. 213.

47 Edward Sapir, « The Status of Linguistics as a Science », *Language*, 5, 1929, p. 209.

48 C'est par la discussion de cette hypothèse que s'élabore la théorie du prototype d'Eleanor Rosch, auteure que nous retrouverons en examinant les thèses de F. Wolff sur l'amour.

49 Gérard Lenclud, *L'universalisme ou le pari de la raison. Anthropologie, histoire, psychologie*, Paris, Éditions de l'EHESS, 2013, p. 268.

50 Remarquons, en passant, la relative indifférence de F. Wolff à la pensée de Wittgenstein. On ne trouve pas, nous semble-t-il, d'allusion à la notion wittgensteinienne de *jeux de langage*. Ce qui n'est guère surprenant : F. Wolff accorde une place déterminante à la question de la *définition*, laquelle ne peut être saisie par l'*usage*. Il ne saurait donc adhérer à l'idée exprimée par Wittgenstein dans *Recherches* philosophiques, selon laquelle « la philosophie est un combat contre l'ensorcellement de notre entendement par les ressources du langage ». Nous verrons néanmoins qu'il utilise le concept de ressemblance tel que l'entend Wittgenstein.

critique kantienne : déconstruction ou destruction de la métaphysique. Sommes-nous réellement condamnés à ce destin ? Pouvons-nous espérer réconcilier critique et métaphysique ?

CONCILIER CRITIQUE ET MÉTAPHYSIQUE

C'est la voie choisie par F. Wolff : s'appuyer sur l'analyse du langage pour *répondre* aux questions métaphysiques. Il ne s'agit cependant pas de la métaphysique au sens, ou plutôt, à l'un des quatre sens donnés par Aristote à ce mot dans sa *Métaphysique*[51]. Ce dont il est question désormais renvoie à une enquête sur les réalités de notre monde, plus précisément une enquête rationnelle sur la *structure fondamentale de la réalité* (pour reprendre la formule de E. J. Lowe[52]). Immanente et descriptive, elle se propose de « décrire la structure effective de notre pensée au sujet du monde[53] » et « les réalités mêmes que nous présupposons lorsque nous en parlons[54] ». Mais ne sommes-nous pas, malgré cette redéfinition, et cette volonté de bâtir une ontologie purement descriptive, confrontés au même problème que Kant ? Comme le résume F. Wolff, « toute tentative pour dire ce monde hors de tout discours se heurte au fait que nous le disons[55] ». Est-il dès lors réellement envisageable d'échapper à la dépendance au discours théorique que nous tenons sur le monde ? On connaît la réponse sceptique de W. V. Quine, lequel ne se limite pas à affirmer la dépendance de l'ontologie aux langues mais l'étend à tous les systèmes théoriques, les sciences comprises, bien qu'elles utilisent d'autres schèmes conceptuels que la langue ordinaire. Pour Quine, en définitive, chaque système théorique a son propre « engagement ontologique ». F. Wolff ne se résout pas à ce scepticisme généralisé[56] : il nous

51 L'ouvrage met en relation quatre définitions de la métaphysique : la « science des premiers principes et de premières causes » (soit une étiologie fondamentale), « la science qui étudie l'être en tant qu'être » (soit une ontologie), la « science de la substance » (ousiologie, terme que n'utilise pas Aristote, c'est-à-dire la science de la substance étendue) et, enfin, la « science de la substance immuable et séparée » (une théologie).

52 E. J. Lowe, *The Possibility of Metaphysics, Substance, Identity, and Time*, Oxford, Clarendon Press, 1998, p. 3.

53 Selon la formule de Peter Strawson (citée par Wolff, art. cité, 2018, p. 29). F. Wolff parle d'ontologie *descriptive* à propos de ce qu'il cherche à élaborer à partir des structures universelles de tout langage et de toute pensée.

54 F. Wolff, « Langage et métaphysique », art. cité, 2018, p. 29.

55 *Ibid.*

56 C'est pourquoi nous n'adhérons pas au point de vue de J.-M. Salanskis : F. Wolff n'adopte pas une position strictement kantienne d'un en soi inconnaissable (voir J.-M. Salanskis,

redit, avec conviction, comme en 1997, que nous devons proposer une « ontologie critique ». Quels en sont les points saillants ? On pourrait les résumer par une formule : ni Quine, ni Strawson, tout en notant que la distance à l'un est nettement plus importante que la distance à l'autre. Et, plus précisément, c'est le second qui permet de s'éloigner du premier. Si F. Wolff met les formes *a priori* du langage là où Kant mettait celles de l'entendement (ce qui est un geste quinien), il se refuse à faire varier les constituants du monde selon « l'engagement ontologique » des théories ou des langues. Comme Peter Strawson, il se situe sur un plan plus général, « commun à toutes les langues naturelles possibles[57] » et, dès lors, se rend capable d'expliquer « notre conception générale de la réalité [...] donc d'expliquer la nature de notre ontologie de base effective[58] ». Et même si F. Wolff ne l'écrit pas explicitement, nous avons de bonnes raisons de penser que l'entreprise strawsonienne, consistant à faire de l'ontologie, de l'épistémologie et de la logique trois aspects d'une investigation unifiée, traduit son propre effort[59]. Il n'en reste pas moins qu'il cherche à se placer à un niveau plus général encore : plutôt que de chercher à déterminer les « particuliers de base » de tout langage et, par conséquent, « de toute ontologie descriptive de notre monde[60] », F. Wolff réaffirme le caractère fondamental de notre monde : le principe de contradiction[61]. Inutile de revenir ici en détail

---

« Lieux de Francis Wolff » *in* Juliette Lemaire et Julie Giovacchini (dir.), *op. cit.*, 2019, p. 471). En outre, nous ne repérons pas chez F. Wolff l'influence de J.-F. Lyotard que mentionne étrangement J.-M. Salanskis (p. 474-475).

57 *Ibid.*, p. 33.

58 Peter Strawson, *Analyse et métaphysique. Une série de leçons donnée au Collège de France en mars 1985*, Paris, Vrin, 1985, p. 48. Ce livre sera repris et augmenté en 1992 sous le titre *Analysis and Metaphysics : An Introduction to Philosophy*, Oxford, Oxford University Press.

59 D'ailleurs, F. Wolff exprime son approbation à la thèse centrale du grand livre de Strawson, *Les Individus*, publié en 1959 et traduit en français en 1973 aux éditions du Seuil : les « particuliers de base » dont parle le philosophe britannique sont les personnes qui nous entourent, dotées de corps et d'esprit. Dans la dernière édition de *Dire le monde*, F. Wolff, en caractérisant sa position, exprime sa proximité avec P. Strawson : « En décrivant les structures universelles du langage, elle dit ce qu'il y a de nécessaire dans le monde humain. C'est à cette même figure que se rattache aussi la philosophie de Peter Strawson », F. Wolff, *Dire le monde, op. cit.*, 2020, p. 468. Il précise en outre que *Dire le monde* se range dans le genre de la métaphysique descriptive.

60 F. Wolff, « Langage et métaphysique », art. cité, 2018, p. 33.

61 Dans la dernière édition de *Dire le monde*, F. Wolff insiste sur ce qu'il nomme le « moteur » non seulement de ce livre-là mais aussi de tous ses travaux ultérieurs. L'argument d'Aristote en faveur du principe de contradiction invente un mode de réfutation du scepticisme que l'on retrouve tout au long de l'histoire de la philosophie : « Quiconque nie le principe

sur l'idée selon laquelle le caractère non contradictoire du monde est sa caractéristique la plus générale et, ajoute F. Wolff, la moins douteuse. L'idée qu'il puisse exister d'autres mondes que le nôtre, comme Leibniz ou, plus près de nous, Saul Kripke et David Lewis, l'envisagent, ne remet nullement en question le principe de contradiction[62]. Nous renvoyons le lecteur aux enseignements de *Dire le monde*, dont nous nous contenterons de rappeler le prix que nous devons payer, dans ce monde non-contradictoire, du fait que nous pouvons parler des choses et nous contredire à l'infini :

> Ne jamais savoir vraiment, complètement, *ce que sont* les choses ni *pourquoi* elles sont telles, autrement dit ne pouvoir jamais réaliser les deux grands rêves de la métaphysique[63].

Faut-il définitivement abandonner ces rêves-là ? Ce n'est pas ce que pensent les tenants d'une métaphysique *scientifique réaliste.* Pour ces derniers, il existe bel et bien une *connaissance métaphysique*, laquelle serait en mesure de dire ce qui est vrai de la réalité en soi. Il nous faut en décrire l'ambition, ne serait-ce que pour estimer la distance entre cette perspective et celle de F. Wolff.

LA MÉTAPHYSIQUE PEUT-ELLE ÊTRE SCIENTIFIQUE ?

La question ci-dessus revient à se demander si le réel est non seulement indépendant mais connaissable, s'il n'y a « rien derrière », ni en plus ni au-delà[64]. Ce projet, s'il prend des allures contemporaines, notamment dans les travaux, en France, de Claudine Tiercelin, s'enracine dans le réalisme *scolastique* dont le représentant le plus important est Jean Duns Scot (1266-1308)[65]. Et il s'inspire des travaux de Charles

doit déjà l'admettre pour pouvoir le nier. Autrement dit, tout ce qu'on peut dire de lui, c'est qu'il est nécessaire de dire », F. Wolff, *Dire le monde, op. cit.*, 2020, p. 497.

62 On peut même ajouter qu'il le conforte puisqu'un autre monde, s'il est possible, est non contradictoire. Mais, notons-le, ni Kripke, ni Lewis n'envisagent ce que *Dire le monde* propose : que serait un monde contradictoire ? Que resterait-il de l'idée de monde ? Et de celle de contradiction ?

63 F. Wolff, « Langage et métaphysique », art. cité, 2018, p. 47.

64 Nous empruntons ce vocabulaire à Anne-Marie Boisvert dans sa discussion du *Ciment des choses*, *Philosophiques*, n° 1, 2012, p. 318.

65 C. Tiercelin tire profit de la définition de la métaphysique comme *scientia realis* par Duns Scot. La pensée de ce dernier est mobilisée par l'intermédiaire de celle de Peirce (qui considère Scot comme « l'un des plus grands métaphysiciens de tous les temps ») et de

Sanders Peirce[66], lequel revendiquait une version modernisée de réalisme scolastique *extrême*. La métaphysique, dès lors, au lieu d'être définie, ainsi que nous l'avons proposé dès notre première note, comme une interrogation sur la nature de ce qui existe, est devenue la *science* de la structure la plus fondamentale de la réalité. Il y a là plutôt un changement de paradigme qu'une simple différence de formulation. Or, il n'est pas du tout certain que F. Wolff considère le projet d'une métaphysique scientifique réaliste comme crédible et/ou souhaitable. Il faut comprendre les raisons de ces réserves, en gardant à l'esprit un accord fondamental sur la nécessité pour la philosophie de tenir compte de l'enseignement des sciences, tout en refusant de faire de la première la subordonnée des secondes. On ne saurait donc soupçonner F. Wolff de prôner une métaphysique purement spéculative.

Quels sont les énoncés proposés par la métaphysique scientifique réaliste ? Cette dernière prend acte du caractère *probabiliste* des phénomènes et, dès lors, élabore une métaphysique en mesure de rendre compte de l'indétermination *réelle*. Le réalisme doit tenir compte de cette incertitude, ce qui suppose opérer un choix parmi ceux dont nous disposons. Il conviendrait de rejeter tout réalisme dont l'engagement ontologique serait minimal (quelle que soit sa forme, kantienne ou pragmatiste) ou encore un réalisme métaphysique dans son acception platoniste, c'est-à-dire posant à la fois l'indépendance du réel et l'existence de réalités irréductibles à la pensée[67]. Le choix va ainsi se porter sur un réalisme *dispositionnel*[68] au sein duquel les dispositions sont des entités

---

sa critique des principes méthodologiques cartésiens. C'est par cette critique que s'opère la référence à la scolastique.

66 On soulignera, sans trop s'y attarder, l'absence de référence à Peirce dans la philosophie de F. Wolff. Le réalisme de Peirce, lequel défend l'idée que si la science n'était fondée que dans notre intellect, et non dans la chose, la connaissance du concept ne serait pas connaissance du réel, est sans doute plus substantiel que celui de F. Wolff.

67 Claudine Tiercelin, *Le Ciment des choses. Petit traité de métaphysique scientifique réaliste*, Paris, Ithaque, 2012, p. 34.

68 *Dispositionnel* est utilisé ici pour désigner non ce que certains objets sont ou font (à la différence des termes ou prédicats *observationnels*), mais ce qu'ils sont capables d'être ou de faire, ce qu'ils sont ou font vraisemblablement. On a suggéré que les *dispositions* puissent être « des propriétés de second ordre, sensibles à des conditions externes, fondées sur des propriétés de premier ordre, strictement intrinsèques » (Roger Pouivet, « Disposition » *in* Michel Blay (dir.), *Dictionnaire des concepts philosophiques*, Larousse / CNRS éditions, 2006, p. 222). Ce sont ces propriétés intrinsèques qui permettent que se manifestent, en certaines circonstances, des dispositions.

réelles car elles sont douées de pouvoir causal[69]. Cette perspective paraît conforme au mouvement de la physique contemporaine où, selon C. Tiercelin, on insiste sur la nécessité de ne plus décrire le réel physique « comme un ensemble de *realia*, choses, objets ou essences, mais comme une pluralité de *possibilia*, qu'on les appelle dispositions ou pouvoirs[70] ». Il est néanmoins nécessaire de ne pas confondre le possible logique et le possible réel. Distinguer entre les deux est la tâche assignée à une métaphysique accordée à la science (mais non, il faut y insister, comme servante de la science : il ne doit pas y avoir supériorité des savoirs déjà constitués sur la réflexion), une discipline qui chercherait à déterminer les propriétés des choses, c'est-à-dire, nous l'avons souligné, à étudier la structure fondamentale de la réalité. Elle entre donc, dans cette perspective, en concurrence avec la physique[71]. En effet, « la physique ne suffit pas pour dire de quoi au juste le monde est fait[72] », pour décrire l'« ameublement ultime du monde ». Cette approche est aussi celle de E. J. Lowe : il appartient à la métaphysique d'établir l'inventaire des catégories les plus générales de l'être mais il revient à la science de dire quels sont, parmi les possibles métaphysiques, ceux qui se trouvent effectivement actualisés dans le réel : « La métaphysique traite de *possibilités*. Et c'est seulement si nous sommes capables de délimiter le champ du possible que nous pouvons espérer déterminer

---

69 Tous les auteurs ne s'accordent néanmoins pas sur le pouvoir causal des dispositions. Ce point est technique et nous ne pouvons l'aborder en détail. Il suffit de donner un exemple, emprunté à Max Kistler, pour préciser ce dont nous parlons. Dans un important article, il écrit : « Je défendrai la conception selon laquelle le prédicat "est fragile" désigne une propriété macroscopique du vase qui est dispositionnelle au sens que son possesseur a (en vertu du sens même du mot "fragile") la disposition de se casser lorsqu'il tombe de haut sur une surface dure », « L'efficacité causale des propriétés dispositionnelles macroscopiques » *in* Bruno Gnassounou et Max Kistler (dir.), *Causes, pouvoirs, dispositions en philosophie. Le retour des vertus dormitives*, PUF / Éditions Rue d'Ulm, collection « Les rencontres de Normal'Sup », 2005, p. 117. On est ici assez proche de la conception de Frank Jackson lorsqu'il précise que « ce qui rend une propriété dispositionnelle, c'est qu'elle est elle-même essentiellement liée à la production de certains résultats dans certaines circonstances ». Max Kistler ajoute : « Si ma conception des propriétés dispositionnelles est cohérente, elle nous autorise à penser que nos désirs, croyances et autres propriétés psychologiques nous donnent des dispositions à penser et à agir, tout en contribuant causalement aux actions par lesquelles ces dispositions se manifestent. » (*Ibid.*).

70 C. Tiercelin, *Le Ciment des choses*, *op. cit.*, 2012, p. 40.

71 Voir l'entretien de Nicolas Chevassus-au-Louis avec Claudine Tiercelin, « La philosophie doit être scientifique », *La Recherche*, n° 464, mai 2012, p. 78.

72 *Ibid.*

empiriquement ce qui est réel[73] ». L'ambition de la métaphysique scientifique réaliste est par conséquent d'établir les conditions de possibilité de la connaissance de la réalité. Pour ce faire, autrement dit pour répondre au défi sceptique, il conviendrait, dans la filiation contemporaine de C. S. Peirce, non pas de chercher à fonder nos connaissances mais de les justifier : « Ne pas s'en tenir au langage, enquêter sur la nature des choses[74] ». Cette ambition s'accompagne d'une attention soutenue aux travaux produits par les sciences cognitives et, en particulier, à ceux qui établissent l'importance de l'innéité. De même que N. Chomsky et son hypothèse de grammaire générative, C. Tiercelin accorde du crédit à l'idée que le cerveau humain puisse posséder les concepts de cause, d'objet ou de propriété. Il est infiniment probable que F. Wolff interprète le projet d'une métaphysique scientifique réaliste comme une tentative, certes prudente, de naturalisation ou, au moins, quoi qu'il puisse en être dit, comme une manière de consacrer le primat de la science sur la philosophie. Nous aurons l'occasion de montrer[75] que, pour F. Wolff, si primat il doit y avoir, le dernier mot, toujours, doit revenir à la philosophie. C'est ce qui apparaît lorsque nous posons la question de l'existence de *quelque chose* plutôt que *rien*.

POURQUOI Y-A-T-IL QUELQUE CHOSE PLUTÔT QUE RIEN ?

La question qui donne son titre au livre sur la musique (*Pourquoi la musique ?*) avait été précédée d'une autre, qui reprenait l'interrogation de Leibniz, *Pourquoi y a-t-il quelque chose plutôt que rien ?* (titre identique à celui de l'article de Robert Nozick paru dans *Philosophical Explanations* en 1981), qui entretient avec la première des liens aisément perceptibles : se demander pourquoi les êtres humains font des images, des récits, des musiques, c'est-à-dire composent des mondes imaginaires, c'est également s'interroger sur ce que ces derniers nous disent du monde réel. Et la première question au sujet de celui-ci concerne sa nécessité : aurait-il pu ne pas être ?

---

73 E. J. Lowe, *op. cit.*, 1998, p. 5. Sur l'importance de la pensée de Lowe, nous renvoyons au texte, très clair, de François Clementz, « Métaphysique du rationalisme, rationalité de la métaphysique », *in* Claudine Tiercelin (dir.), *La reconstruction de la raison. Dialogues avec Jacques Bouveresse*, Paris, Collège de France, 2014.

74 Claudine Tiercelin, « La philosophie doit être scientifique », art. cité, mai 2012, p. 79.

75 Voir notre troisième partie.

Il s'agit, en définitive, selon F. Wolff, d'une interrogation légitime, voire inévitable, mais insoluble parce que toute réponse serait contradictoire. Pour comprendre le sens de l'analyse qui nous est proposée, il convient de rappeler la dichotomie entre les choses et les événements, les deux entités primordiales. Poser la question « Pourquoi quelque chose plutôt que rien ? », « c'est implicitement "événementialiser" l'existence, par ailleurs "chosifiée"[76] ». Il n'y a pas de sens, écrit F. Wolff, à chercher à *expliquer* l'existence d'une « chose » :

> Une chose ne s'explique pas, elle se définit. On dit *ce qu'elle est*, non pourquoi elle est. Ou plutôt, on ne peut dire *pourquoi* elle est qu'en disant *ce qu'elle est*[77].

Et, inversement, définir un événement ne permet jamais d'en rendre raison. Pour cela, il faudrait pouvoir dire ce qui le cause, c'est-à-dire répondre adéquatement à la question *pourquoi*. Deux modes d'existence donc, deux types d'entités, deux manières d'en rendre raison[78]. D'où cet enseignement fondamental :

> Il n'y a donc à proprement parler que les événements dont on explique l'existence, de même qu'il n'y a à proprement parler que des substances dont on détermine l'essence[79].

La question qui donne son titre à l'ouvrage repose sur deux prémisses :

> La première est *a priori* : de deux choses l'une, ou il y a quelque chose ou il n'y a rien. La seconde prémisse est *a posteriori* : nous savons qu'il y a quelque chose. [...] On précise en outre : "plutôt que rien". On présume donc qu'il *devrait* ne rien y avoir (... *plutôt* que rien) ou, du moins (selon la première prémisse), on présuppose pragmatiquement qu'il pourrait ne rien y avoir[80].

Bref, la question impose un type de réponse qui contredit la règle propre au *pourquoi* (une entité s'explique par une autre) et correspond

76 F. Wolff, « Introduction », *in* F. Wolff (dir.), *Pourquoi y a-t-il quelque chose plutôt que rien ?*, Paris, Éditions Rue d'Ulm et PUF, 2007, p. 21.

77 F. Wolff, « Une question hybride ? », *in* F. Wolff (dir.), *Pourquoi y a-t-il quelque chose plutôt que rien ?*, *op. cit.*, 2007, p. 91.

78 On retrouve ici les questions soulevées par F. Wolff dans *Dire le monde*, *op. cit.*, 2004, particulièrement p. 89-99. Manière de souligner les liens entre ontologie et métaphysique sur lesquels nous avons insisté dès les premières pages du présent ouvrage. C'est dire également que l'anthropologie de l'auteur est étroitement dépendante de son ontologie.

79 F. Wolff, « Une question hybride ? », art. cité, 2007, p. 93.

80 *Ibid.*

plutôt aux exigences d'arrêt du questionnement imposées par le *qu'est-ce que* (rendre raison d'une chose une entité s'explique par elle-même). On ne sera donc pas étonné que les voies *directes* classiques, selon la terminologie de F. Wolff, la réponse théiste (parce que Dieu l'a voulu) et la réponse nécessitariste (parce que le monde est nécessaire), soient sources de confusions. Faudrait-il alors considérer des voies *indirectes* ? Elles chercheraient non à montrer pourquoi quelque chose existe mais qu'il est impossible que rien n'existe. Après une longue discussion, trop technique et subtile pour être résumée, F. Wolff considère que cette voie serait praticable si l'on savait *ce qu'il y a*, « mais il est fort probable que si l'on savait cela, alors la question ne se poserait plus[81] ». À l'inévitable question, la réponse paraît donc impossible. C'est parce qu'elle est *hybride* : elle semble porter sur une chose (le monde donné), et elle l'interroge comme si elle était un événement. Nous avons affaire à une question qui apparaît sensée mais qui est le fruit d'une confusion catégoriale entre la chose et l'événement[82]. Il n'est pas exclu que l'on puisse trouver la source de cette confusion dans notre histoire évolutive[83]. Il peut sembler surprenant que des humains aient posé une telle question, surtout si elle résulte d'une erreur catégoriale. Mais pour survivre dans un monde étranger, il n'est pas inutile de savoir ce qu'il y a dans ce monde, de pouvoir le découper en choses fixes dont on peut dire ce qu'elles sont :

> Tel est l'ordre apaisant du visible : chaque chose, subsumée sous un nom, est faite ainsi substance. [...] Et il y a aussi les sons qui traduisent des mouvements des choses, des changements dans leur environnement, des événements[84].

Et il faut savoir pourquoi les événements arrivent de façon à en prévoir, lorsqu'ils se reproduiront, les effets. Dès lors, savoir ce qu'il y a dans le monde, c'est savoir *ce que sont* les choses et pourquoi surviennent les événements : c'est parce qu'il est inquiet que l'humain devient animal métaphysique. Et il demeure *inquiet* métaphysiquement :

81 *Ibid.*, p. 107.

82 Les hommes commettent *naturellement* une erreur catégoriale. L'*hybridité*, conçue comme la faculté de poser des questions insolubles, devient ainsi une caractéristique de la condition humaine. Cette notion est récurrente dans les travaux de F. Wolff.

83 L'utilisation par F. Wolff des ressources de la théorie de l'évolution manifeste clairement qu'à ses yeux la spécificité humaine ne peut être analysée sans tenir compte des conditions que la nature lui impose. Nous en reparlerons dans la troisième partie.

84 F. Wolff, « Une question hybride ? », art. cité, 2007., p. 110.

> « Qu'est-ce que ceci ou cela ? » devient « Qu'est-ce qui *est* ? », « Qu'est-ce que l'être ? » ; et « Pourquoi ceci ? parce que cela » devient « Et pourquoi cela ? » à l'infini ; sans repos. Même s'il est assuré de sa vie, même lorsqu'il est rassuré pour sa vie, pourtant toujours précaire et menacée, il demeure *inquie*t métaphysiquement : il veut savoir ce que l'être est. [...] Pour les animaux métaphysiques, le non-être est toujours *possible*, puisque eux-mêmes, vivants, pourraient ne pas être[85].

Ce n'est donc pas ce qui arrive qui les inquiète, ni même qu'il arrive quelque chose, mais que quelque chose soit. Aussi l'animal métaphysique, prenant modèle sur lui-même (il se pense à la fois comme une substance et comme la cause d'événements qui arrivent dans le monde), imagine-t-il quelque chose qui est et demeure ce qu'il est (l'être, Dieu, le monde, la substance unique), et qui est *cause* du fait qu'il y a quelque chose.

C'est dans cette perspective qu'il faut également interpréter la réflexion conduite dans un article très dense de 2011, paru dans la *Revue de métaphysique et de morale*, au sein d'un dossier consacré à « Temps physique et temps métaphysique », et intitulé « Le temps comme concept hybride[86] ». Le texte, d'une grande technicité, se prête, moins encore que le précédent, au résumé. Nous en retiendrons, dans le souci d'étayer notre point de vue, que les êtres humains ne perçoivent pas toujours que le temps ne concerne pas seulement le « temps-devenir » (le passage du présent au passé), mais également le « temps-série », compris comme une relation d'ordre entre événements. Si, dans ce texte, n'est pas directement abordée la *métaphysique du temps*[87], on peut ranger les positions wolffiennes dans ce que l'on désigne généralement comme le camp-A (ou la série-A), autrement dit dans celui des auteurs qui, face au fait du passage du

85 *Ibid.*, p. 112.

86 F. Wolff, « Le temps comme concept hybride », *Revue de métaphysique et de morale*, n° 4, octobre 2011, p. 487-512.

87 Cette thématique est cependant très présente tout au long de l'œuvre. D'abord en référence à la pensée d'Aristote (« Aristote face aux contradictions du temps » *in* Jean-François Balaudé et Francis Wolff, *Aristote et la pensée du temps*, Paris, Presses de l'université Paris-X Nanterre, 2005, consulté sur le site de F. Wolff « http://www.franciswolff.fr/wp-content/uploads/2017/07/Aristote-face-aux-contradictions-du-temps.pdf (consulté le 4/11/2020 »), ensuite dans l'examen des parallélismes entre l'identité personnelle et la nature du temps, lesquels incitent à la conclusion qu'on ne peut vraiment penser le temps sans penser le moi, ni penser le moi sans penser le temps (« Je et maintenant », *in* Sacha Bourgeois-Gironde, *Les formes de l'indexalité. Langage et pensée en contexte*, Paris, Rue d'Ulm éditions, 2005, consulté sur le site de F. Wolff « http://www.franciswolff.fr/wp-content/uploads/2017/07/Je-et-maintenant.pdf (consulté le 4/11/2020) ».

temps, ne nient pas sa réalité[88]. Il existe bien un passé, un présent et un futur (ou, autrement formulé, le temps serait doté de « propriétés-A », dynamiques et transitoires, successivement futur, présent puis passé). Ces partisans du camp A s'opposent aux éternalistes (camp-B), pour qui le passé existe encore et le futur existe déjà (d'où leur nom). Ces auteurs font du temps un système de relations fixes et immuables (antériorité, simultanéité et postériorité). Les hypothèses les plus sophistiquées en physique théorique (théorie des cordes, gravité quantique à boucles) semblent conforter l'éternalisme[89]. Au-delà de ces difficiles questionnements, l'article est une démonstration de la force de l'objectivisme : alors que nous avons tendance à croire ne rien pouvoir dire du temps qui ne soit corrompu par notre subjectivité, il est possible de tenir sur lui un discours d'observateur, indépendant, autant que faire se peut, des conditions de l'observation et, dès lors, en mesure « d'élaborer des définitions objectives des entités naturelles et des explications de leurs relations[90] ». Le texte illustre également, selon Bernard Sève, l'importance de l'usage de la figure de *symétrie* dans la pensée de F. Wolff[91]. B. Sève la décrit avant tout comme une méthode dont il repère l'usage dès 1996 dans un article sur les deux voies de l'ontologie, la voie physique, celle de Démocrite, la voie logique, celle de Platon[92]. Dire de ces voies

88 L'un des arguments de F. Wolff en faveur de cette thèse consiste à rappeler que « ce temps-là, fait de présent, de passé et de futur absolus, est celui dans lequel nous vivons et par lequel nous pensons collectivement, objectivement et universellement », F. Wolff, *Dire le monde*, *op. cit.*, 2020, p. 424.

89 Cette brève esquisse des positions en présence simplifie à l'excès l'affrontement théorique. Le camp-A a répondu aux objections de ses adversaires, et la variété des réponses mériterait une longue analyse.

90 F. Wolff, « Le temps comme concept hybride », art. cité, 2011, p. 488.

91 Bernard Sève, « La méthode de symétrie chez Francis Wolff », *in* Juliette Lemaire et Julie Giovacchini (dir.), *Les amis et les disciples. Mélanges offerts à Francis Wolff*, *Journal of Ancient Philosophy*, Supplementary Volume, n° 1, 2019, p. 481-493.

92 L'article est publié de nouveau dans *L'être, l'homme, le disciple : figures philosophiques empruntées aux Anciens* et repris dans *Penser avec les Anciens*, Paris, Pluriel, 2016, chapitre 1, p. 23-69. Nous citerons le texte dans cette dernière occurrence. Remarquons, en passant, que le chapitre 2, « Les deux voies de la métaphysique : le premier principe d'Aristote et celui de Descartes », est également construit sur le modèle de symétrie. Il en est de même du chapitre 3, « L'animal et le dieu : deux modèles pour l'homme », et également du chapitre 4 dans lequel, évoquant les « figures du disciple », F. Wolff oppose le disciple de Socrate à celui d'Épicure (bien qu'il complexifie l'opposition en ajoutant la figure d'Aristote). Dans l'entretien avec Martin Legros mentionné plus haut, il ajoute : « Être disciple de Socrate, c'est concevoir la philosophie comme une activité critique de remise en cause des opinions reçues. Il existe, selon F. Wolff, deux autres voies : celle d'Épicure,

qu'elles sont symétriques ne relève évidemment pas du constat factuel. Si c'était le cas, il ne serait pas nécessaire d'en dire plus. Mais il y a là un jugement dans la mesure où F. Wolff pose, selon B. Sève, la *nécessité* de cette opposition symétrique, laquelle trouve sa justification dans l'existence d'une origine commune :

> Le parallélisme entre les deux voies est si étroit que l'on est en droit de se demander *si la pensée de l'Autre et celle du vide ne constituent pas une seule pensée*[93].

Cette affirmation mérite d'être éclairée : pour le philosophe, il y a deux façons de penser le non-être, soit comme vide, afin, à l'instar de Démocrite, de sauver le mouvement, soit comme Autre, afin, comme Platon, de sauver le langage. Pourquoi s'agirait-il d'une « seule pensée » ? Parce que nous vivons, à la fois, sur le mode de l'espace et sur celui du langage (puisque nous nous parlons). En fait, alors que B. Sève insiste sur le caractère systématique du recours à la méthode de symétrie, F. Wolff lui oppose la notion de *complémentarité*, tout particulièrement dans *Dire le monde*, entre langage-monde et parole-monde :

> « Les deux modes du discours (langage prédicatif ou parole indicative) épuisent tout ce qu'on peut dire du monde. Ils sont donc complémentaires plutôt que symétriques. » Et, ajoute-t-il, « en dépit des apparences, on ne saurait dire qu'il y a symétrie entre les deux entités auxquelles on accède en troisième personne, la chose et l'événement, avec celles auxquelles on accède en première personne : la "personne" et "l'acte". Car les deux premières sont incompatibles tandis que, au contraire, les deux suivantes n'en forment qu'une[94] ».

En définitive, dans ce débat entre le lecteur inspiré et l'auteur, la position de ce dernier emporte l'adhésion.

Il existe donc deux voies, la physique et la logique, entre lesquelles l'ontologie hésite, depuis Parménide (car avant lui, si tout est un, sans différence entre les choses, il n'y a pas non plus d'ontologie : c'est pourquoi penser le non-être est toujours le premier geste de l'ontologie) :

---

dans laquelle elle est une activité thérapeutique de guérison de nos angoisses et de nos doutes, et celle d'Aristote, où la philosophie est conçue comme une activité aléthique qui délivre un savoir encyclopédique sur le monde et les hommes », « Entretien avec Martin Legros », art. cité, p. 61.

93 F. Wolff, *Penser avec les Anciens*, *op. cit.*, 2016, p. 57.

94 F. Wolff, *Dire le monde*, *op. cit.*, 2020, p. 580.

> Soit elle essaie de sauver le langage et sa cohérence, et s'interroge sur l'être en tant qu'il est dit, et elle se fait logique ; soit elle essaie de sauver le monde empirique dans lequel nous nous mouvons et s'interroge sur l'être en tant qu'il est pensé, et elle se fait physique[95].

Mais alors quelle place conserver à l'ontologie, en tant que science universelle de l'être, devenue une logique, conformément à la voie catégoriale ouverte par Platon, ou une physique, conformément à la voie explorée par les premiers atomistes ? En réalité, selon F. Wolff, instituée durant le court moment qui sépare Parménide d'Aristote (avant Parménide, elle n'existe pas, faute de pouvoir penser le non-être[96]), l'ontologie doit ensuite choisir entre physique et logique, soit contraindre la pensée à considérer que le réel est tel que nous le percevons ou tel que nous le disons. Ces deux voies sont au fond deux figures[97], incompatibles[98], sous lesquelles la philosophie ancienne a posé la question dite ontologique. Ces figures éclairent également les deux voies de la philosophie contemporaine, l'analytique et la phénoménologique, une sorte de « double grammaire de la pensée philosophique, historique par son origine, anhistorique par sa validité, par sa rationalité propre[99] ». Double grammaire que, notons-le, peu de philosophes contemporains maîtrisent. Il s'agit là d'une des

95 F. Wolff, *Penser avec les Anciens*, *op. cit.*, 2016., p. 61.

96 Dans la première partie de son poème intitulé *De la nature*, Parménide nous propose deux voies, celle de l'être et celle du non-être. Or, nous précise F. Wolff, interprétant le philosophe grec, « si la pensée est conséquente avec elle-même, elle doit choisir la voie de l'être : *"La première (voie énonçant) : "il est", et aussi il n'est pas possible de ne pas être, est chemin de persuasion, car la persuasion accompagne la vérité. L'autre (énonçant) : "il n'est pas", et aussi : il est nécessaire de ne pas être, celle-là, je te le fais comprendre, est un sentier dont rien ne se peut apprendre. En effet, le non-être, tu ne saurais ni le connaître – car il n'est pas accessible – ni le faire comprendre"* », « Entretien avec Martin Legros », art. cité, p. 60.

97 La symétrie, dans cette perspective, est une *figure*. Nous reviendrons *infra* sur l'usage de cette dernière notion par F. Wolff. Son utilisation est pérenne dans l'œuvre. Retenons la définition qu'il en donne dans l'introduction, significativement intitulée, « Penser par figures » de *Penser avec les Anciens* : « Nous entendons par figures philosophiques des *schémas stables et anhistoriques de solutions symétriques, parallèles ou opposées, à des problèmes philosophiques inscrits dans l'histoire* » (p. 10 ; les italiques sont de F. Wolff). Nous avons donc affaire à des modes de pensée qui, bien qu'inscrits dans l'histoire, semblent lui échapper. Façon de dire que si tout est inscrit dans l'histoire, ce qui compte vraiment pour le philosophe est ce qui lui échappe.

98 Bernard Sève note que ces voies sont symétriques parce qu'elles divergent à partir d'un point d'origine unique, mais également incompatibles : « La symétrie est à la fois complicité et alternative » (, « La méthode de symétrie chez Francis Wolff », art. cité, 2019, p. 484).

99 *Ibid.*, p. 485. La voie analytique est celle qui cherche à dire le monde à travers l'analyse des énoncés, tandis que la voie phénoménologique cherche à voir tout le réel à travers

raisons qui expliquent l'importance de son élaboration conceptuelle. Le domaine de l'ontologie, ainsi délimité, peut-il néanmoins encore servir à dire le *réel* ? Quelle place dès lors attribuer à l'épistémologie[100] ?

LES PRINCIPES DE LA SCIENCE[101]

F. Wolff accorde une place singulière au *réel*, compris, dans le prolongement de la perception, comme objet de la recherche scientifique. Il en défend, au moins implicitement, une conception *soustractive.* Elle est soustractive parce que le langage lui ajoute trois choses : qu'il est une totalité, que cette totalité est ordonnée par la structure prédicative (mais aussi par la structure indicative) et, enfin, qu'il y a de la communauté (nous sommes au monde). Si bien que l'objectivité du monde et l'interlocutivité[102] du langage vont de pair[103]. Mais F. Wolff ne se contente pas de cette soustraction. Il montre aussi la complémentarité du réel et du monde. En d'autres termes, le réel est transformé en monde par le langage. Pour ce faire, il appréhende le réel comme ce qui est perçu (ou perceptible), donc pré-linguistique (et aussi post-linguistique), et le monde comme l'effet dialogique du langage. Autrement dit, le monde sans le réel est une forme dialogique *vide* : il y a des places mais pour des choses (sans contenu : par exemple, des événements dont on peut parler), mais il n'y a rien puisqu'il n'y a personne. Inversement le monde sans le réel, c'est une forme sans contenu.

---

des apparences qui nous en sont données. D'un côté, Wittgenstein et Quine, de l'autre Husserl et Merleau-Ponty.

100 Le lien entre ontologie et épistémologie est inscrit dans la démarche même de F. Wolff. S'il fallait s'en convaincre, on pourrait se reporter à ce qu'écrit Carlos Ulises Moulines. Commentant *Dire le monde*, il confie avoir, après la lecture de l'ouvrage, décrit sa propre position comme « onto-épistémo-sémantique » (p. 400 de l'édition 2020 de *Dire le monde*).

101 Titre partiellement emprunté à un article de F. Wolff, « Les principes de la science chez Aristote et Euclide », *Revue de Métaphysique et de Morale*, n° 105/3, 2000, p. 329-362.

102 Dans l'Avertissement de la dernière édition de *Dire le monde*, F. Wolff dit désormais préférer *interlocution* à *interlocutivité*, ce néologisme n'apportant, dit-il, aucun bénéfice explicatif. Nous ne sommes pas totalement convaincu : l'interlocutivié rend mieux compte du processus, de la rencontre des locuteurs. C'est pourquoi nous maintenons son usage.

103 C'est ce que se propose de montrer F. Wolff dans l'article précité, à partir de l'étude des *Seconds Analytiques* d'Aristote et des *Éléments* d'Euclide.

Cette dialogique ne dit pas grand-chose sur la perception[104]. Elle doit donc être complétée par une esthétique. C'est ce que fera F. Wolff dans *Pourquoi la musique ?*. Le rapport entre le projet de *Dire le monde* et celui élaboré, près de 20 ans plus tard, dans ce questionnement, dont l'originalité a été fortement soulignée, tient dans le fait que les deux langages-mondes imaginaires ne sont pas simplement imaginaires (au sens de fruits d'expériences de pensée) : ils existent dans les mondes imaginaires que se font nécessairement les humains, c'est-à-dire un monde de choses auquel il n'arrive pas d'événements (le monde de la peinture et des images, un monde de choses pures). À l'inverse, des événements sans choses, c'est une excellente définition de la musique. D'où un parallélisme : d'un côté, on voit des choses nommables, de l'autre, on entend des événements. F. Wolff, en donnant un contenu à ces deux langages-mondes imaginaires, articule donc le perçu et le logique. Preuve, s'il en fallait, de la cohérence de sa pensée (exigence éthique autant que méthodologique), l'ontologie triadique de *Dire le monde* (choses, événements, personnes) est de nouveau mobilisée dans *Pourquoi la musique ?* puisque F. Wolff y décrit le triangle des arts : de l'image (représentations de choses sans événements), de la musique (représentations des événements sans choses) et du récit (représentations de personnes agissantes). Il s'agit bien d'une constante anthropologique : partout où il y a des hommes, il y a des images, de la musique et des récits.

LA NÉCESSITÉ LOGIQUE DU RÉALISME

Mais qu'est-ce qui prouve qu'il y a des choses dans le monde ? F. Wolff cite souvent l'exemple fameux des tables d'Arthur Eddington, énoncé dans un texte de 1929, *La nature du monde physique*. Dans celui-ci, le physicien britannique évoque d'abord une table familière, laquelle a une extension, une relative permanence, une couleur et qui, enfin, est substantielle. Et une autre, la table scientifique, composée essentiellement

---

104 Mais F. Wolff apporte d'utiles compléments dans sa réponse à Carlos Ulises Moulines, *Dire le monde, op. cit.*, 2020, p. 428. Il écrit notamment : « Le réel, c'est tout ce que nous pouvons en percevoir abstraction faite du langage. Puisque nous devons nous parler du monde dans lequel nous vivons, nous pouvons à peine y percevoir le réel, englué qu'il est dans les rets de la conceptualisation vitale et des exigences des structures prédicatives et indicatives ».

de vide, qui, poursuit-il, est, selon la physique moderne, la seule qui soit là réellement. On peut donc se demander si la première, la table familière, qui existe objectivement, est bien réelle.

Si nous voulons connaître la réalité, il convient de se fier à ce qu'en disent les théories scientifiques. Mais si nous voulons savoir ce qu'il y a dans le monde, alors fions-nous à ce qui en est dicible entre nous. Cette coupure entre le réel et le monde peut être, au moins partiellement, diminuée.

Il y a de très nombreuses formes de réalisme et nous avons à qualifier celui que défend F. Wolff (si toutefois le terme définit correctement son ontologie). Dans un article aussi informé que drôle, Pascal Engel dégage la polysémie du concept et, surtout, montre que se prétendre *réaliste* ne suffit nullement à l'être :

> Comment un auteur qu'il nous dit qu'il n'y a qu'une nécessité, c'est la contingence, un autre qui nous dit que tout existe sauf le monde, un autre qui nous dit que l'activité scientifique ne porte que sur une réalité qui a son mode d'existence propre alors que d'autres discours ont le leur, ou d'autres encore qui nous disent que le vrai réalisme n'a pas à se prononcer sur la réalité de quoi que ce soit, sont-ils encore des réalistes[105] ?

Qu'il nous suffise, à ce stade, de dire que F. Wolff n'appartient à aucune de ces catégories de « réalistes ».

Si l'on se réfère à la définition de Crispin Wright dans *Truth and Objectivity*, être réaliste signifie, à la fois, que le monde existe indépendamment de nous, c'est-à-dire de nos croyances et des schèmes conceptuels que nous mobilisons pour le penser, et également que, bien qu'il existe indépendamment de nous, nous pouvons malgré tout le connaître. Il n'est pas certain que tous les auteurs se réclamant du réalisme dans ce moment philosophique particulier qui manifeste une « ruée vers le réel[106] » répondent à ce réquisit définitionnel. Il est toutefois important de voir dans cette « ruée » un phénomène assez massif qui conduit la philosophie contemporaine de la strate idéaliste des sujets et des cultures vers l'étude du substrat de la matière et des choses. Reste à déterminer

105 Pascal Engel, « Le réalisme kitsch », *Zilsel*, 20-6-2015 https://zilsel.hypotheses.org/2103 (consulté le 4/11/2020). P. Engel fait référence à Quentin Meillassoux, Markus Gabriel, Bruno Latour, Tristan Garcia.

106 Selon le titre de l'article d'Isabelle Thomas-Fogiel *in* Emmanuel Alloua et Élie During (dir.), *Choses en soi. Métaphysique du réalisme*, Paris, PUF, 2018.

si, dans de nombreux cas, l'on ne contente pas d'un vernis réaliste pour rester profondément attaché au constructionnisme. Ce n'est évidemment pas le cas de F. Wolff. Il convient néanmoins, dans la mesure où le monde extérieur n'est saisi autrement que par l'intermédiaire de l'agent, d'écarter le soupçon d'idéalisme. Un texte assez récent situe, dans son titre même, les enjeux : « De l'inévitabilité rationnelle de l'idéalisme à la nécessité logique du réalisme[107] ». En outre, il illustre, si besoin était, la pérennité des thèses développées en 1997 dans *Dire le monde*. La fin du paragraphe introductif de l'article le montre sans ambiguïté :

> Un être vivant parfaitement rationnel qui ne disposerait pas du langage serait comme un fou pour qui le monde même est un songe. Inversement, remise sur les rails du langage, la raison-langage s'épuiserait vainement à poser l'idéalisme qui n'aurait pas même de sens pour elle. Sans langage, la raison gagne en rigueur, mais elle perd bien plus : elle perd d'un coup le monde et elle-même. Si l'homme était un « animal rationnel » et non un « vivant doté de logos », il perdrait le monde et se perdrait lui-même[108].

Pour F. Wolff, le réalisme est la condition de possibilité de la science : celle-ci ne peut que présupposer l'existence des choses réelles et non la prouver empiriquement.

Bien évidemment, il n'est pas question ici de dénigrer la raison. L'argument idéaliste, selon lequel nous ne pouvons pas savoir comment sont les choses en elles-mêmes, c'est-à-dire indépendamment de la manière dont elles sont pour nous, ouvre à la possibilité de la connaissance scientifique, conçue constitutivement comme inachèvement. C'est précisément le fait que la « réalité en soi » ne peut jamais nous être donnée qui constitue le moteur interne du perfectionnement des sciences empiriques. Néanmoins, cette conclusion bénigne tirée de l'idéalisme peut se transformer en maladie maligne. F. Wolff fait référence à l'immatérialisme, celui de Berkeley, qui fait de la matière hors de nous une hypothèse inutile, et au solipsisme, qui étend le doute jusqu'à notre existence, la vôtre comme la mienne. Comment saurais-je quel effet ça fait d'être un autre si je ne puis connaître qu'à travers mes propres moyens de connaissance ? Et le passé existe-t-il vraiment ? Ni le monde, ni autrui, ni le passé n'aurait

---

107 Francis Wolff, « De l'inévitabilité rationnelle de l'idéalisme à la nécessité logique du réalisme », *in* Emmanuel Alloua et Élie During (dir.), *op. cit.*, 2018, p. 185-200.
108 *Ibid.*, p. 186.

donc la moindre réalité. L'usage illimité de la rationalité la rend folle. La folie, remarque F. Wolff, ce n'est pas l'idéalisme, c'est sa possibilité.

Pourtant le fou n'est qu'un idéaliste incomplet, l'idéaliste réel étant « une machine sans portes ni fenêtres sur le réel[109] ». Ce qui manque à ces esprits rationnels pour ne pas déraisonner, c'est le langage, un langage naturel, autrement dit la parole dont, il faut le redire, les deux dimensions constitutives sont *parler à* et *parler de*. Où l'on retrouve par conséquent la relation d'interlocutivité (parler à) et celle d'objectivité (parler de), qui, données immédiates du *logos*, n'existent pas l'une sans l'autre :

> Le « à » garantit, *a priori*, que je ne suis pas seul au monde, et le « de » garantit *a priori* qu'il y a une réalité hors de nous et qui ne dépend pas de nous[110].

Si donc, à la raison naturelle (*ratio*), j'ajoute le langage naturel (*logos*), ce dont nous parlons est bien quelque chose du monde, « quelque chose qui existe hors de moi comme hors de lui, dans ce tiers-lieu qu'est la réalité hors de nous, dans ce lieu commun qu'est le monde[111] ». F. Wolff fait du triangle du langage humain (celui qui parle, celui à qui l'on parle et ce dont on parle), le triangle réaliste :

> Il y a trois êtres distincts, que le *logos* empêche de confondre, avec chacun leur mode d'existence, aux trois sommets du triangle : le locuteur, l'allocutaire (tout autre esprit parlant) et le monde (tout ce dont nous pouvons parler)[112].

Ce triangle du langage est insécable, l'objectivité (soit le fait que nous parlons d'une même chose du monde) n'étant possible que sur fond de notre interlocutivité. Dès lors, l'idéalisme est impossible puisque, par l'acte de parole, « nous sortons de l'idéalisme du monde et de l'idéalisme des autres esprits[113] ». Mais les êtres humains, ajoute F. Wolff, ne sont pas réalistes uniquement parce qu'ils parlent. Notre réalisme dépend probablement aussi de mécanismes cognitifs qui ajustent en permanence les données empiriques aux processus linguistiques[114]. Nous sommes

109 *Ibid.*, p. 196.
110 *Ibid.*, p. 196-197.
111 *Ibid.*, p. 198.
112 *Ibid.*
113 *Ibid.*, p. 199.
114 On lira avec profit le livre d'Étienne Bimbenet, *L'invention du réalisme*, Paris, Cerf, 2015.

donc en présence d'un réalisme consistant, bien différent des occurrences défendues par les « nouveaux réalismes » auxquels nous faisions allusion *supra*. Nous ne pouvons néanmoins nous contenter de cette affirmation. Le rôle joué par le langage, l'idée qu'il faille se garder de l'illusion *originaire* selon laquelle, pour utiliser les mots de F. Wolff, « le monde *dit* existe sans être dit, c'est-à-dire sans *moi* qui le dis », pourrait nous inciter, nous l'avons déjà suggéré, à faire de son ontologie une forme de corrélationisme.

La critique de cette notion, telle celle entreprise par Quentin Meillassoux dans *Après la finitude* (2006), impliquerait de couper le lien nécessaire entre pensée et être (ou sujet et objet) et donc de parvenir à une objectivité pure. Pour ce faire, il conviendrait d'invoquer la contingence de la relation, c'est-à-dire le fait qu'elle pourrait être autre, voire ne pas être du tout. On mesure le caractère hautement spéculatif du projet puisque nous aurions à considérer une connaissance qui s'énoncerait sans égard pour le sujet de l'énonciation.

Mais, chercher la réalité au-delà de la représentation est-ce une tâche *réaliste* ? Faudrait-il alors se contenter de repérer des traces de ce monde ? F. Wolff accepterait-il de considérer que son réalisme emprunte cette voie modeste et n'est donc aucunement un corrélationisme ? Car ce dernier implique, comme le souligne P. Engel, qu'il ne peut y avoir de réalité que pensée et de vérité que vérifiable. Or un réaliste quant à la vérité (et c'est bien ainsi que nous apparaît la position de F. Wolff) admet qu'il puisse y avoir des choses qui soient non pensées et refuse que la vérité ne soit qu'une relation d'un jugement avec lui-même[115]. Ce refus exerce une sorte de contrainte sur les choix épistémologiques de l'auteur.

RÉSISTER À LA RÉDUCTION ?

En mentionnant les objectifs de la métaphysique scientifique réaliste, nous avons pu observer qu'elle exemplifie le lien entre engagements ontologiques et positions épistémologiques. Cette question ne peut ici être traitée en détail. Nous nous contenterons d'examiner le problème de la réduction, parce qu'il est au cœur de ce programme mais surtout parce que, dans un texte épistémologiquement crucial, F. Wolff nous invite à

115 Pour F. Wolff, la consistance est une condition nécessaire de la vérité. Il s'agit alors soit d'une propriété intrinsèque au jugement, soit d'une relation à d'autres jugements.

fermement « résister à la réduction[116] ». Que faudrait-il donc penser de l'éventuelle réduction des théories et des objets[117] de ce que l'on a coutume de nommer les sciences spéciales (parfois dites « molles ») à ceux des sciences « dures », la physique le plus souvent ? Dans *Notre humanité. D'Aristote aux neurosciences*, le traitement que propose F. Wolff est une façon très originale de contourner la difficulté. À partir de la question kantienne fondamentale, *Qu'est-ce que l'homme ?*, F. Wolff emprunte une voie kuhnienne (sans pour autant adhérer à la totalité des propositions de Thomas Kuhn) dans son usage du concept de *paradigme* (même si, chez Kuhn, la notion, fort incertaine, reçoit de nombreuses définitions peu compatibles, voire incompatibles, entre elles). Il cite un court passage de *La Structure des révolutions scientifiques* qui éclaire son projet :

> Certains exemples reconnus de travail scientifique réel, exemples qui englobent des lois, des théories, des applications et des dispositifs expérimentaux, fournissent des modèles qui donnent naissance à des traditions particulières et cohérentes de recherche scientifique[118].

Et F. Wolff va s'attacher à décrire quatre paradigmes ou quatre réussites exemplaires d'une théorie qui servira de modèle à toutes les autres. Ce faisant, il défend la valeur *scientifique* des quatre figures en précisant toutefois qu'« elles ne doivent pas être séparées de leur socle épistémologique et qu'on ne prétende pas les faire valoir en morale ou en politique[119] ». Il souligne, en outre, la valeur *philosophique* des deux premières, « à condition qu'on ne leur attribue aucun sens épistémologique[120] ». Ces quatre figures appartiennent à une même *configuration* : elles ne sont pas seulement liées à des moments de l'histoire, ce qui

---

116 F. Wolff, « Résister à la réduction. Entretien avec Franck Renucci », *Hermès*, n° 68, 2014, p. 177-182.

117 Le concept de réduction est ici utilisé dans le sens que lui donne Ernst Nagel. Selon celui-ci, elle est « l'explication d'une théorie ou d'un ensemble de lois expérimentales établies en un domaine de recherche, par une théorie qui a été formulée, habituellement mais pas invariablement, pour un autre domaine » (E. Nagel, *The Structure of Science. Problems in the Logic of Scientific Explanation*, San Diego, Harcourt, Brace et World, 1961, p. 338). Ce modèle suppose une compatibilité des ontologies respectives des théories.

118 Thomas Kuhn (1963), *La Structure des révolutions scientifiques*, trad. fr., Paris, Champs-Flammarion, 2008, p. 30, cité par F. Wolff, *Notre humanité. D'Aristote aux neurosciences*, Paris, Fayard, 2010, p. 126, note 1.

119 F. Wolff, *Notre humanité*, *op. cit.*, 2010, p. 22.

120 *Ibid.*

marque la distance entre F. Wolff et Thomas Kuhn. Elles forment système. L'homme peut toujours être défini par le croisement de deux alternatives. A-t-il une essence, constante et universelle (comme dans les définitions d'Aristote et de Descartes) ou est-il sans fixité ni limites bien nettes (comme dans les deux conceptions modernes) ? Notre humanité doit-elle être appréhendée par une ontologie naturaliste (comme dans la première et la dernière figure), ou par une ontologie dualiste (âme/corps comme à l'âge classique ou culture/nature comme à l'âge des sciences humaines) ? Mais poser ces questions ne signifie pas renoncer, nous en reparlerons, à caractériser l'homme : ce dernier est en effet capable d'un certain type de connaissance unique, la science, qui obéit à des procédures universalisables ; et il est aussi le seul animal capable d'action morale, par laquelle il peut obéir à des valeurs universelles. Cela fait de lui le seul « animal » capable d'atteindre trois degrés de rationalité : d'abord la vérité du jugement ou la rectitude de la volonté ; puis la justification des jugements par des raisons ou celle des volontés par des valeurs ; et enfin l'universalité des procédures pour établir les connaissances ou pour garantir la valeur des actions. Nulle frilosité relativiste dans ce qui ressemble plus à une définition qu'à la recherche de l'essence ou du propre de l'homme. Cette visée définitionnelle s'est vue renforcée, comme nous le verrons, dans les plus récents travaux du philosophe.

Pour F. Wolff, il existe une division du travail scientifique qui, par nature, rend caduc tout réductionnisme. Au-delà, sur le problème, central en philosophie de l'esprit, des rapports entre le mental et le cérébral, il considère la conscience phénoménale comme irréductible par essence. L'aspect qualitatif de celle-ci (pour ces expériences en première personne, on parle de *qualia*, définies comme les propriétés phénoménales des expériences conscientes) ne peut être *expliqué*, c'est-à-dire réduit à sa cause cérébrale. Et, même si l'on pouvait montrer que le goût de la cerise est dépendant d'un événement mental, ce ne serait pas réellement une explication. Comme Locke, en distinguant les qualités premières, physiques et indépendantes, et les qualités secondes, nées de la rencontre entre un sujet et une réalité physique, l'avait montré, il existe un fossé infranchissable entre ce que l'on peut dire à la troisième personne, soit objectivement, et la richesse phénoménale du monde éprouvé en première personne, soit subjectivement. C'est reconnaître la force du « Grand Argument » de Descartes, celui de l'absoluité de la conscience en première personne[121]. La position de F. Wolff est proche de celle de David Chalmers. Ce dernier part de la question de savoir comment un système physique peut donner lieu à une expérience consciente. Il constate l'échec du matérialisme dans l'explication des faits de conscience. Et, en partant des quatre prémisses suivantes : (1) les phénomènes de conscience existent (2) ils ne surviennent pas logiquement sur le physique (3) le matérialisme est faux (4) le domaine physique est clos, il défend un dualisme naturaliste, en l'occurrence un dualisme des propriétés (et non des substances comme le dualisme cartésien ou celui de Jonathan Lowe[122]). En un mot, il existe des faits physiques et des faits conscients, les seconds ne se réduisant pas aux premiers. F. Wolff, dans une commune inspiration, pose qu'il y a toujours quelque chose, dans la conscience subjective, qui résiste à la réduction. Mais, tout en posant l'irréductibilité de la conscience phénoménale, il ne semble pas en déduire, contrairement à David Chalmers, qu'elle est « un trait fondamental du monde, au même titre que la masse, la charge et l'espace-temps[123] », dont alors on n'aurait pas à rendre compte. En revanche, il ne recule pas, en accord avec le philosophe australien[124], devant l'hypothèse du dualisme ontologique, entendu non comme un dualisme des *substances* mais comme un dualisme des *propriétés* (selon lequel la substance physique possède deux types de propriétés, les mentales et les physiques, les premières n'étant pas réductibles aux secondes). Par ce choix, F. Wolff s'oppose à la thèse de l'identité des propriétés, pour laquelle les propriétés mentales sont des propriétés matérielles. Notons que le dualisme ici défendu entretient d'incontestables rapports avec la théorie du double aspect (dont Spinoza est à l'origine, et Thomas Nagel

121 F. Wolff, *Notre humanité*, *op. cit.*, 2010, p. 352-355.

122 Il existe cependant un point commun entre F. Wolff et J. Lowe : tous deux veulent définir un cadre de réflexion. Chez Lowe, celui-ci est composé de particuliers (des objets et des modes) et d'universaux (des types et des attributs) reliés par trois relations, l'instanciation, l'exemplification et la caractérisation. Mais, d'une part, le vocabulaire n'est pas le même et, d'autre part, Lowe défend un dualisme de la substance au sein duquel l'agent (ou la personne), qui ne peut pas être identifié à un corps organique (ou une partie de ce corps), possède le pouvoir de causer des événements. Notons que si F. Wolff est très loin d'être indifférent à la question des universaux (il est à l'évidence anti-nominaliste, comme il le rappelle dans la version de 2020, p. 395, de *Dire le monde*), on ne trouve guère chez lui, malgré l'importance qu'il leur accorde, de références aux œuvres des métaphysiciens contemporains de tendance analytique, tels David Armstrong ou David Lewis.

123 David Chalmers (1996), *L'esprit conscient*, Paris, Ithaque, 2010, p. 185.

124 F. Wolff, *Notre humanité*, *op. cit.*, p. 353, note 2.

son représentant contemporain le plus fameux) qui admet l'existence d'un point de vue subjectif irréductible à l'approche objectiviste. Il ne peut donc être traduit dans des termes strictement kantiens : il ne s'agit pas d'un dualisme métaphysique fondé sur la distinction entre le règne nouménal de la liberté et le règne phénoménal du déterminisme causal. En fait, ce qui est vivement récusé est l'*éliminativisme*, soit la thèse selon laquelle les neurosciences ont vocation à éliminer les termes mentaux du vocabulaire pour les remplacer par des termes cérébraux (position qui ne doit pas être confondue avec la théorie de l'identité, telle qu'elle a été exposée par J. J. C. Smart en 1959, selon laquelle à chaque état mental correspond un *seul* état cérébral). Pour les éliminativistes, les états mentaux tels que des croyances et des désirs *n'existent* tout simplement pas. Position d'une grande fragilité : pouvons-nous demander à quiconque de *croire* que les croyances n'existent pas ? Si les états d'esprits, les intentions, les contenus mentaux n'existaient pas, nul ne pourrait croire que les croyances n'existent pas puisque l'éliminativisme propose d'exclure l'existence des contenus et des représentations. Plus largement, si les attitudes n'existaient pas, notre connaissance pratique du mental n'aurait pas de sens[125]. Le réductionnisme n'implique aucunement de semblables conséquences. F. Wolff dit d'ailleurs de lui qu'il demeure « l'un des plus puissants aiguillons méthodologiques du travail scientifique depuis le XVIIe siècle[126] ». C'est également ce que pense Claudine Tiercelin, laquelle le considère comme indissociable de l'idée même de progrès scientifique[127]. Mais F. Wolff, sans doute en raison de sa préférence pour le dualisme[128], ne lui accorde pas, semble-t-il, *épistémologiquement*, la portée qu'il revêt chez celle-ci. Quoi qu'il en soit, l'essentiel est ailleurs : dans notre perspective de dégager les axes principaux d'un système, nous avons cherché à mettre en lumière les liens, chez le philosophe, entre ontologie, métaphysique et épistémologie. Redisons-le, la recherche de cohérence est pour F. Wolff non seulement une exigence méthodologique mais un impératif relevant de l'éthique

125 On se reportera, pour préciser la position de F. Wolff à propos de l'éliminativisme, à « Ce que *L'Homme neuronal* nous a fait penser », *in* Michel Morange, Francis Wolff et Frédéric Worms (dir.), *L'Homme neuronal, trente ans après*, Paris, Rue d'Ulm, 2016, p. 41-52.

126 F. Wolff., « Résister à la réduction. Entretien avec Franck Renucci », art. cité, p. 180.

127 C. Tiercelin, *Le Ciment des choses*, Paris, Ithaque, 2011, p. 163.

128 Dualisme au moins pour le monde dans lequel nous vivons. Et non dualisme du réel.

intellectuelle[129]. Non, bien sûr, qu'il faille inclure l'épistémologie dans l'éthique, mais parce que certaines évaluations épistémiques possèdent une dimension éthique. Dans la mesure où F. Wolff privilégie la délibération, on ne s'étonnera guère que les principes déontologiques de l'activité scientifique obéissent aux mêmes règles, l'exercice de la raison au mépris de tout intérêt pratique, que celles exigées par une éthique substantielle qui, selon sa belle formule, exprime le « point de vue de toutes parts ».

129 Entendue au sens de normes pour la pensée : voir Pascal Engel, *Les vices du savoir. Essai d'éthique intellectuelle*, Paris, Agone, 2019.

ÉTHIQUE

Le point de vue de toutes parts

F. Wolff définit l'idéal éthique comme le « monde interlocutif vu de toutes parts par tout sujet possible », un monde où chacun est en mesure de se mettre à la place de tous ceux auxquels nous pourrions nous adresser. Il établit un parallèle avec l'idéal scientifique, « monde objectif vu de nulle part sans sujet pour le voir[1] ». Alors que dans la première partie, nous avons exploré la thèse suivant laquelle le langage fait monde, la deuxième, en s'intéressant aux conditions de l'énonciation, se place résolument dans le champ de l'éthique. Le monde étant, selon F. Wolff, constitué de tout ce qu'on peut en dire (objectivement) et par tous ceux qui peuvent en parler (interlocutivement), la condition première de l'éthique n'est plus l'impératif catégorique kantien mais l'*interrogatif éthique*. Nous n'avons pas d'autre choix que d'être moraux. C'est à l'aune de ce choix qu'il faut comprendre l'importance donnée à la raison *dialogique* (autre nom pour *logos*). La disposition anthropologique au langage est ainsi le fondement de la définition de l'homme[2]. C'est bien « l'union indissociable du langage et de la raison qui permet de rendre raison (*ratio cognoscendi*) des autres "propres humains"[3] ». Dans cette perspective, F. Wolff accorde au *Je*, nous l'avons vu, une place décisive que ne peut occuper le concept métaphysique de *personne*. Le « Je », indicateur des indicateurs[4], s'affranchit de l'antinomie de la chose et de l'événement : dire, c'est alors « faire ou se préparer à faire quelque chose[5] ». La parole-monde[6] est, par conséquent,

1 F. Wolff, *Plaidoyer pour l'universel*, Paris, Fayard, 2019, p. 227.

2 L'homme est clairement défini comme animal rationnel *et* parlant.

3 F. Wolff, *Plaidoyer pour l'universel*, *op. cit.*, p. 130.

4 Le terme est utilisé dans un sens différent de celui des linguistes (lesquels parlent plus volontiers d'*indexicaux*) : F. Wolff insiste sur le point de vue singulier que le « Je » exprime.

5 P. Macherey, « Francis Wolff. Dire le monde », art. cité, p. 114.

6 Comme le souligne Jocelyn Benoist, « les mots par eux-mêmes ne disent rien. C'est nous qui disons avec eux », J. Benoist, « Dire dans le monde », *in* Juliette Lemaire et Julie Giovacchini (dir.), *Les amis et les disciples*, *op. cit.*, 2019, p. 141.

au centre d'une philosophie de l'action et, plus fondamentalement, de l'élaboration d'une éthique. On pourrait la résumer ainsi : le monde n'est plus *tout ce* dont on peut parler, mais *tous ceux* qui peuvent en parler. Cette approche implique-t-elle un choix théorique quant à la réalité des faits moraux ? Détermine-t-elle une orientation quant aux principes de la vie en commun : en d'autres termes, définit-elle une politique ?

L'INTERROGATIF ÉTHIQUE

La théorisation que propose F. Wolff ne se limite pas à appréhender l'éthique sur le mode de l'impératif catégorique. Ce dernier considère l'acte moral comme guidé par la volonté de faire de la maxime de mon action une loi universelle. Mais pour pouvoir énoncer cet impératif, il faut que j'admette agir, que je sois, en termes plus techniques, déjà « constitué déictiquement en agent d'un événement du monde[7] », que, dès lors, ce qui arrive dépende de moi. La question devient ainsi de savoir ce qui dépend de moi et ce qui n'en dépend pas. L'*interrogatif éthique* est donc antérieur à l'impératif catégorique :

> Le monde cesse d'être constitué de choses et d'événements dont je suis spectateur, je suis au monde comme un agent et ce qui arrive dépend de moi[8].

Mais, pourrait-on objecter, ce « Je » n'existe-t-il pas antérieurement à ses actes ? Ne réintroduit-on pas une sorte de substance qui serait au fondement métaphysique de ceux-ci ? On retrouve ici un reproche adressé par les philosophes communautariens aux libéraux, lesquels souscriraient à une conception atomiste du sujet, sujet abstrait désincarné dont l'autonomie résulterait de son indépendance par rapport aux causes extérieures et aux fins qu'il se donne. Même si cette critique s'adresse à un adversaire construit pour les besoins de la démonstration, elle permet de comprendre que le « Je » wolffien n'est nullement solipsiste. On ne dit pas « Je » tout seul mais nécessairement à un autre,

7 F. Wolff, *op. cit.*, 2004, p. 251.

8 *Ibid.*, p. 252.

et « du même coup on dit "Tu"[9] ». Le « Je » n'est donc pas substantiel mais *intentionnel.*

L'ESPACE INTERLOCUTOIRE DU DIALOGUE

La philosophie de l'action qu'élabore le concept de parole-monde implique donc une éthique ou, plus précisément, un espace interlocutoire du dialogue. Il faut donc considérer que l'engagement de l'agent (nulle parole n'est innocente) implique une déontologie. On soulignera que celle de la parole ne se confond pas avec celle du discours théorique. F. Wolff va jusqu'à les opposer, comme sont opposés langage-monde et parole-monde :

> Il serait aussi illégitime de recourir au « je » dans le discours de la science que de ne jamais dire « je » lors d'une conversation, ou aussi illégitime de prétendre énoncer une loi scientifique pour un allocutaire particulier que de parler à quelqu'un comme on s'adresserait indifféremment à tous[10].

Les différences tiennent à la spécificité des indicateurs : par ces derniers, au contraire des noms, la parole ne se situe pas hors du monde (comme une chose), mais, pour le dire, elle se situe dans le monde, « comme un événement, un acte singulier, unique, non répétable[11] ». Aussi, faut-il se garder, non seulement de l'illusion métaphysique (à laquelle F. Wolff substitue une position critique), qui laisse croire que le monde existe en lui-même en dehors du langage, mais de l'illusion *originaire*, beaucoup plus répandue, et qui est dérivée de la première, selon laquelle « le monde *dit* existe sans être dit, c'est-à-dire sans *moi* qui le dis[12] ». Si ces questions relèvent de la déontologie, c'est parce que, nous l'avons souligné, le *je*, étant la condition de l'action, est la condition de l'éthique, et le *je* étant aussi la condition de toute parole, « sa présence en elle peut être aussi une condition d'existence d'une relation éthique au monde et une exigence déontologique de l'exercice de la parole[13] ». On voit donc le monde toujours selon un certain point de vue, ce qui, bien entendu, relativise notre prétention à nous prendre

9 P. Macherey, « Francis Wolff. Dire le monde », art. cité p. 115.
10 F. Wolff, *op. cit.*, 2004, p. 213.
11 *Ibid.*, p. 156.
12 *Ibid.*, p. 214.
13 *Ibid.*, p. 215.

pour le centre du monde et, ainsi, détruit impitoyablement notre illusion d'omnipotence. Car s'il y a un point de vue, *un point de locution*, d'autres sont évidemment possibles. Comme le résume F. Wolff, Je ne suis « je » que parce que je suis « tu » pour toi. Dans ce mode de formulation, on devine déjà les conséquences que l'ontologie wolffienne peuvent avoir sur son anthropologie et même sur sa vision du politique. Mais nous aurons tout loisir d'en parler longuement. Qu'il nous suffise d'insister ici sur le fait que si « Je » ne suis nulle part dans le langage-monde (dont la condition est la transcendance, soit le fait de se placer hors de la scène), dans la parole qui *indique* le monde, « je suis ce par quoi il y a parole et monde ». Mais, précise F. Wolff, « "je" ne suis jamais non plus hors de la parole et hors du monde[14] ». De même que l'on ne peut, selon la notion de complémentarité de Niels Bohr (laquelle représente une généralisation du principe d'incertitude énoncé par Werner Heisenberg), mesurer *simultanément* la position et le mouvement d'un électron[15], « la parole-monde ne peut faire tout qu'avec moi (qui me dis), mais pourtant elle ne peut pas non plus faire tout avec moi (qui le dis) » si bien que « la présence du "je" dans la parole est ce par quoi le monde ne peut jamais faire tout[16] ». Ce monde où j'agis n'est donc jamais achevé, « puisque j'y suis toujours sans être jamais le même[17] ». On comprend que, dans ce schéma, l'objectivité soit subordonnée aux conditions de l'interlocutivité. Dans les termes de F. Wolff, le schème prédicatif (S-P) est toujours traversé par le schème interlocutif (L-A) (la prédication « S est P » s'adresse toujours à un locuteur particulier, « L à A »). Le locuteur et l'allocutaire n'existent pas l'un sans l'autre. Ce lien qui les unit est essentiel pour ancrer interlocutivement la parole dans le monde, comme est essentiel le lien du sujet et du prédicat pour ancrer objectivement le

14 *Ibid.*, p. 217.

15 Plus nous mesurons avec précision la position de l'électron, à un instant donné, plus notre détermination de son moment devient imprécise, et inversement. F. Wolff, notamment à partir de l'étude du *clinamen* chez Épicure, se montre particulièrement attentif aux questions posées par la physique. On lira « Une physique matérialiste est-elle soluble dans l'indéterminisme ? Le *clinamen* dans l'atomisme épicurien », *Ontology Studies, Cuadernos de Ontologia*, n° 1, 2000 (consulté sur le site de F. Wolff « http://www.franciswolff.fr/wp-content/uploads/2017/07/Clinamen.pdf (consulté le 4/11/2020) ». Tout au long de son œuvre, F. Wolff accorde à la métathéorie des théories physiques une place importante (voir Carlos Ulises Moulines, « Un monde contradictoire est-il possible », in F. Wolff, *Dire le monde*, *op. cit.*, 2020, p. 399-419).

16 F. Wolff, *Dire le monde*, *op. cit.*, 2004, p. 218.

17 *Ibid.*

langage dans le monde. Et dans l'interlocutivité, la parole est soumise à l'exigence de *véracité*, comme le discours théorique, qui doit préserver l'objectivité de son rapport au monde, doit se soumettre à celle de *vérité*.

UNE MÉTAPHYSIQUE DU DIALOGUE ?

Certains accents de la pensée wolffienne ne sont pas sans rappeler l'importance que la phénoménologie accorde au principe dialogique. Les objectifs sont certes assez différents, mais quelques notes composent des musiques proches. Dans la perspective phénoménologique, le dialogue, en tant que relevant à la fois de la philosophie de la rencontre et de la théorie de l'argumentation, revêt en effet une place centrale. Dès lors que cette rencontre ne se réduit pas à la compréhension du discours (comme le remarquait Martin Buber, le mot parlé se passe dans « la sphère vibrante entre les personnes », bien au-delà de ce que disent les dialoguants), son analyse ne saurait être jamais achevée. Le dialogue n'est pas seulement recherche de l'adhésion d'un interlocuteur déterminé, mais il se veut celle d'un accord universel des esprits (dans la perspective notamment développée par Chaïm Perelman[18]). Mais c'est surtout à Francis Jacques que l'on doit penser et à sa volonté de systématiser la recherche des conditions de l'échange discursif, de son élaboration en commun, et d'avoir ainsi fait de la réciprocité une condition essentielle de la relation interlocutive. Les conséquences anthropologiques de cette perspective doivent être soulignées, notamment parce qu'elles entrent en résonance avec les engagements de F. Wolff. À une époque de dissémination culturelle et de disparité conceptuelle des discours, « une réflexion sur la canonique du dialogue ou sur la grammaire de l'assentiment est une des réponses appropriées[19] », parce que dans le dialogue la violence verbale est au moins suspendue. Avec F. Jacques, nous sommes en présence d'une métaphysique du dialogue. L'intersubjectivité sur laquelle elle est fondée ne se réduit pas à l'alternance des prestations de deux subjectivités similaires comme chez Émile Benveniste :

---

18 L'importance accordée aux procédures argumentatives justifie le rapprochement entre F. Wolff et C. Perelman. On se reportera à un article récent de F. Wolff, « Pourquoi la dialectique ? », *in* Jean-Baptiste Gourinat et Juliette Lemaire (dir.), *Logique et dialectique dans l'Antiquité*, Paris, Vrin, 2016, p. 21-41, notamment p. 29-33 où la notion de rationalité dialogique, développée dans les tout récents ouvrages de F. Wolff, est mentionnée.

19 Francis Jacques, *L'Espace logique* de *l'interlocution. Dialogiques II*, Paris, PUF, 1985, p. 16.

> Je pose une autre personne, celle qui, tout extérieure qu'elle est à moi, devient mon écho auquel je dis tu et qui me dit tu[20].

C'est, au contraire, le couplage relationnel qui rend l'interaction des actes de langage réellement communicative. La pensée de F. Jacques se distingue également de celle d'Emmanuel Levinas. Ce dernier affirme qu'une authentique philosophie du dialogue implique une relativisation de l'ego et présuppose que le « Je aperçoive le Tu au-dessus du Soi[21] », mettant ainsi en évidence le caractère essentiellement dissymétrique de la relation éthique. La précellence d'autrui dégage le Moi de lui-même. L'éthique se fonderait, dès lors, sur un paradoxe : en s'apercevant que je ne suis pas l'égal d'autrui, je dois être infiniment plus exigeant à l'égard de moi-même qu'à l'égard des autres[22]. Mais évoquer autrui qui me sollicite et me précède, n'est-ce pas conserver l'asymétrie en l'inversant ? F. Jacques, en privilégiant la relation d'interlocution, met en évidence la collaboration entre moi et autrui dans la référence au monde. La relation constitue de la sorte à la fois le fait primitif de la réalité humaine et la norme centrale de cette réalité. L'étude de la genèse des théories scientifiques conforte cette perspective en mettant en lumière la coopération délibérative entre les protagonistes. Nous sommes autorisés à déduire que le dialogue n'est ni impossible, comme le voudraient les partisans de l'incommensurabilité des théories, ni, le plus souvent, superflu, comme le croient les partisans de l'universalité des règles de méthode. Ce primat de la relation interlocutive a d'importantes conséquences. Locuteur et allocutaire engendrent un dire commun :

> Il ne s'agit pas de mettre en jeu ou en scène [...] l'altérité des personnes, simple partage de voix qui demeurent singulièrement isolées. Il n'est même pas question d'un entrelacs de *deux* (ou plusieurs) discours, mais tout au moins de la production à deux d'*un seul* discours qui donne voix à la relation interlocutive[23].

Le dialogue permet donc la reconnaissance mutuelle des interlocuteurs comme personnes et tente d'instaurer une commune relation au réel. Ainsi, en intériorisant les règles de la compétence communicative, l'homme se fait sujet :

---

20 Émile Benveniste, *Problèmes de linguistique générale*, tome 1, Paris, Gallimard, 1966, p. 259.
21 Emmanuel Levinas, *Noms propres*, Montpellier, Fata Morgana, 1976, p. 40.
22 E. Levinas, *Difficile liberté. Essais sur le judaïsme*, Paris, Albin Michel, 1963, p. 24-41.
23 F. Jacques, *L'Espace logique* de *l'interlocution*, *op. cit.*, p. 79.

> On conçoit qu'on n'en finisse pas de devenir sujet, d'autant qu'on vit la tension entre les exigences de la communication canonique et les règles de la communication instituée. En tant que le sujet réfléchit les exigences de la première, il est moral ; en tant qu'il se manifeste dans la seconde, il est social et politique. Dans les deux cas, [...] c'est lui qui [...] contribue [...] à donner naissance à des effets de sens et de communauté[24].

Le sujet est donc celui qui fait le pari qu'une communication véritable est possible, « malgré la pluralité des codes et en dépit de nos appartenances à des communautés closes[25] », et qu'il existe, par conséquent, des valeurs communicables de tous à tous. Il nous semble que F. Wolff aurait pu écrire ces lignes et adhérer au programme universaliste qu'elles esquissent.

LE NOYAU DE L'ÉTHIQUE

De l'existence d'un locuteur, *je*, qui peut indiquer le monde et s'indiquer lui-même, F. Wolff déduit qu'il existe deux types d'universaux linguistiques : d'une part, des sujets et des prédicats et, d'autre part, des indicateurs. Il n'y a donc pas « de langage qui ne présuppose la fixité de sujets dont on puisse parler, et il n'y a pas d'acte de parole qui ne présuppose la fixité de l'agent qui puisse en parler[26] ». De cette double nécessité, on peut déduire des modifications substantielles sur la manière de poser des problèmes philosophiques classiques. F. Wolff énumère cinq points, lesquels conduisent à des réflexions conclusives sur la nature de l'éthique. Le premier touche à la question de l'un et du multiple. La prédication apparaît à la fois comme le signe de notre finitude (un lexique infini pourrait dire le monde sans prédiquer) et le remède à celle-ci (elle nous permet de parler d'une infinité de choses et d'en dire toujours autre chose). Le deuxième concerne l'individuation : dans un langage-monde prédicatif, ses conditions dépendent des conditions

24 F. Jacques, *Écrits anthropologiques. Philosophie de l'esprit et cognition*, Paris, L'Harmattan, 2000, p. 585.

25 *Ibid.*, p. 587.

26 F. Wolff, *Dire le monde*, *op. cit.*, 2004, p. 226.

d'individualisation par le langage. Prédication du langage-monde et indication par la parole « concourent à constituer pour nous l'Être en êtres[27] ». Le troisième point dégage l'importance d'un sujet fixe qui puisse servir de support à la dérive infinie de la prédication. Le quatrième dégage un autre caractère du langage prédicatif : il « permet avec un lexique fini de ne jamais finir de nous dire le monde les uns aux autres[28] ». Enfin, cinquième remarque, il n'y a pas d'acte sans « je » et pas de « je » sans l'acte qui le dit : autrement dit, l'agent est ce qui permet à l'événement de devenir un acte dont je suis la cause[29]. On le comprend, il faut *parler* à la première personne pour pouvoir être et agir dans le monde. L'*interrogatif éthique*, mentionné plus haut, en est la conséquence puisqu'il détermine pour l'agent sa manière de parler, ses actes de parole ne visant qu'à *exister* avec d'autres : « L'interrogatif éthique a réflexivement une conséquence déontologique sur la parole elle-même[30] ». Il faut donc nous arrêter sur les implications du « Je », tel que celui-ci est construit dans l'annexe 1 de *Dire le monde*[31], dans l'élaboration d'une réflexion morale originale, dont on trouve les prolégomènes dans un fort article de 1995 consacré au mal[32].

DE LA NATURE DU MAL

F. Wolff commence par poser, comme expérience morale première, celle du mal. Celui-ci se dit en deux sens, le mal que l'on éprouve et celui que l'on commet. D'un côté, l'uniformité passive de la souffrance, de l'autre la diversité de l'exercice de ma liberté. Pourtant, ce que l'expérience disjoint peut être pensé comme deux variétés d'un seul mal. Et, en effet, ainsi que Paul Ricœur l'avait souligné[33], ces deux phénomènes sont enchevêtrés. Faudrait-il alors considérer, comme nombre

27 *Ibid.*, p. 227.

28 *Ibid.*, p. 228.

29 La démarche de F. Wolff, dans son désir de caractériser les actions parmi les événements, rappelle celle de Donald Davidson (qu'il mentionne) dans son livre de 1980, *Essays on Actions and Events* (traduit en 1993 par P. Engel, *Actions et événements*, Paris, PUF).

30 F. Wolff, *op. cit.*, 2004, p. 229.

31 F. Wolff, « "Je" et l'éthique », Annexe 1 de *Dire le monde*, *op. cit.*, 2004, p. 233-256.

32 F. Wolff, « Le mal », *in* Denis Kambouchner (dir.), *Notions de philosophie, III*, Paris, Gallimard (Folio), 1995, p. 151-220. Sur cette question, on lira également F. Wolff, « Quel Dieu ? Quel mal ? » *in* Antoine Grandjean (dir.), *Théodicées*, Hildesheim/Zürich / New York, Georg Olms Verlag, 2010, p. 171-188.

33 Paul Ricœur, *Le Mal*, Genève, Labor et Fides, 1978, p. 16.

de philosophes l'ont affirmé, que l'un est la cause de l'autre (car si nul ne fautait, nul ne souffrirait) ? Pourtant, si unité conceptuelle il y a, elle ne réside pas dans un trait commun entre la douleur et la faute. Au contraire, s'il y avait équivalence entre le mal commis et mal subi, il n'y aurait pas de mal :

> Ce n'est jamais le simple fait qu'il y ait des hommes qui ont mal ou des hommes qui font le mal qui provoque indignation ou révolte, mais le fait que ce ne soit pas les mêmes[34].

Si bien que, nonobstant le fait que la première expérience du mal est la souffrance, « le vrai mal, le seul mal indéniable, c'est l'injustice[35] », autrement dit le déséquilibre entre les deux types de maux. Face à l'injuste, on peut tenter de dissoudre le mal dans une infinie variabilité de points de vue sur sa réalité même. Le mal ne serait qu'un mot, adverbe ou adjectif, mais non un substantif dont l'usage aurait produit « l'illusion de la substance même du mal[36] ». Faudrait-il alors suivre Spinoza[37] et admettre que rien n'est mal en soi (parce que tout point de vue peut se dissoudre) et qu'il n'y a pas de mal en général (parce que tout s'explique)[38] ? Dès lors, une définition purement conventionnelle du mal moral serait requise. Mais ce serait faire peu de cas de la question du « Pourquoi », de la recherche du sens (et non seulement de la cause,

34 Francis Wolff, « Le mal », art. cité, p. 163.

35 *Ibid.*

36 *Ibid.*, p. 168.

37 F. Wolff refuse la solution de Spinoza à la question de la conciliation du déterminisme et de la liberté. Alors que pour Descartes la liberté n'a pas besoin d'être prouvée (elle s'éprouve en agissant, du seul fait que nous avons conscience que nous aurions pu agir autrement), pour Spinoza, il s'agit là d'une illusion inhérente à la conscience. L'homme ne peut être la cause première de ses actes. Le libre arbitre n'est donc qu'une apparence. Nous sommes déterminés par les lois communes de la nature. Faudrait-il alors considérer qu'aucune liberté n'est possible ? Non, pour Spinoza dont la philosophie tente de répondre à la question de savoir comme penser la liberté dans un cadre déterministe. D'une façon générale, Spinoza n'est pas, pour F. Wolff, une source majeure d'inspiration. On peut s'en étonner si l'on définit, à la suite d'André Comte-Sponville, le spinozisme comme un relativisme universaliste, « relativiste à l'échelle de la nature, universaliste à l'échelle de l'humanité », « Nous avons été spinozistes », *Les Cahiers de l'Herne* (consacrés à A. Comte-Sponville*)*, 2020, p. 66.

38 Mais, pourrait-on objecter, Spinoza considère que les vocables de *bien* et de *mal* doivent être conservés, bien qu'en effet il n'y ait pas de mal dans la nature. Son amoralisme théorique ne débouche pas sur un immoralisme pratique (voir A. Comte-Sponville, art. cité, 2020, p. 66).

comme dans le système spinoziste). Cette préoccupation, inhérente au sentiment d'injustice, nous conduit-elle à supposer un auteur moral du monde, autrement dit nous contraint-elle à renoncer à la rationalité au profit de la théologie morale ? Ou peut-être la seconde n'exclut-elle pas la première ? C'est le point de vue de Kant : l'action morale a un sens et il y a une *rationalité* à agir justement, le mal étant « ce qui ne doit pas être, ce qu'on doit s'efforcer de faire disparaître sans *jamais* pouvoir le faire ici-bas[39] ». Bien entendu, présupposer que le mal mène à Dieu alors que ce dernier, par définition, exclut le mal soulève des difficultés bien connues que l'on peut résumer par l'incompatibilité suivante : « (1) Il y a du mal dans le monde (2) Dieu est tout-puissant (3) Dieu est bon[40] ». La tension entre ces trois propositions ne peut-elle se résoudre qu'en niant l'existence du mal (théodicée du premier genre) ou en rejetant l'idée de la toute-puissance de Dieu (théodicée du deuxième genre) ? Nier l'existence du mal, nonobstant l'expérience de nos maux, c'est poser le Bien « au-delà de l'être », comme l'écrit Platon dans la *République*[41]. Tout ce qui existe dès lors tire son être du Bien, le Mal étant sans pour autant exister. Le Mal n'est donc pas *négation* du Bien, mais *privation*. C'est là la « solution » de la tradition chrétienne afin d'éviter le manichéisme (le monde aurait, selon cette doctrine, une double cause, un esprit absolument bon causant le Bien, un autre absolument mauvais causant le Mal). Mais l'hypothèse de la négation est profondément insatisfaisante, la souffrance n'étant en rien l'absence de bien-être. Quant à celle de la privation, elle se heurte au fait que la faute ou le péché ne sont pas abstention du bien, mais choix positif du mal. Celui-ci n'est donc pas un néant sans cause. Faudrait-il nier le mal non absolument mais relativement, c'est-à-dire à en faire le corrélat nécessaire du bien ? Cette tentative échoue devant la réalité des crimes horribles et des souffrances injustes. Mais comment éviter d'imputer le mal à Dieu sans nier sa toute-puissance ? Cette seconde théodicée passe par une distinction entre *toute-puissance* et *pouvoir*

39 F. Wolff, « Le mal », art. cité, p. 181.

40 *Ibid.*, p. 183.

41 Sur l'importance du Bien chez Platon, on lira le commentaire inspiré de Dimitri El Murr d'un court passage du livre VI « Why the Good ? Appareance, Reality and the Desire for the Good in *Republic* VI, 504b-506d », *Methexis. International Journal for Ancient Philosophy*, 27/1, 2014, p. 47-60. L'auteur cherche, notamment, à expliquer pourquoi c'est à l'idée du Bien que revient le pouvoir de distinguer l'ordre de la réalité de celui des apparences et du devenir.

tout. Il existe en effet des choses qu'un être tout-puissant ne peut faire sans contredire sa toute-puissance (par exemple, se corrompre). Cette distinction permet de conserver à la fois la toute-puissance de Dieu et son incapacité à éviter le mal. Les conséquences logiques, selon le sens attribué à « tout », pourraient être formulées des trois façons suivantes :

> Dieu est cause du Tout sans être cause de ce dont il est fait : le Bien est la forme du monde et le mal sa matière ; Dieu est cause du Tout sans être cause de toutes ses parties : le Bien est l'ordre du monde et le Mal réside dans le détail des parties ou encore Dieu est cause du Tout sans être cause de tout ce qui en découle : le Bien est fait par lui et le Mal par ceux qu'il a faits[42].

La première négation de la toute-puissance est absolue : Dieu n'est pas cause de la matière. Cette théodicée trouve sa source chez Platon. Mais, du point de vue du christianisme, elle ne peut, en définitive, convenir puisqu'elle fait du monde le fruit de deux principes, le Bien et le Mal, et que rien n'assure le triomphe du premier. Augustin la rejette pour cette dernière raison.

Les deux suivantes sont relatives. La première énonce que Dieu n'est pas cause de ce qui est causé par ceux qu'il cause. C'est exactement ce que Platon défendait :

> Dieu, puisqu'il est bon, n'est pas la cause de tout [...] ; pour le bien, nul autre que lui n'en est l'auteur ; mais pour les maux, il faut en chercher la cause ailleurs qu'en Dieu[43].

Chacun est donc responsable de ses choix. C'est ce qu'exprime également le concept augustinien de *volonté* : le péché est l'œuvre de celle-ci et ne peut donc être imputé à Dieu. Habile façon de sauvegarder le libre-arbitre. Mais n'est-on pas alors confronté à une contradiction :

> Comment Dieu peut-il créer un être doté d'un pouvoir qui lui échappe ? Entre la toute-puissance de la volonté humaine et la toute-puissance de Dieu, il faut tôt ou tard choisir[44] ?

Aussi sera-t-on tenté de limiter la toute-puissance divine, non par la puissance de la liberté humaine mais en la définissant autrement.

42 Francis Wolff, « Le mal », art. cité, p. 201.
43 Platon, *République* II, 379c, cité par F. Wolff, « Le mal », art. cité, p. 186.
44 *Ibid.*, p. 209.

C'est ce que propose la seconde relativisation selon laquelle Dieu n'est pas cause des détails. On trouve chez Leibniz une illustration de cette théodicée[45]. Elle paraît réussir à concilier les trois propositions initiales, mais, en réalité, elle propose un Dieu qui n'est pas vraiment puissant (il ne peut rien faire d'autre que ce qu'il doit faire), ni vraiment bon (sa bonté n'est que verbale, la bienveillance en est absente), et dans laquelle le mal n'existe pas vraiment (il n'est que l'illusion dont sont victimes les malvoyants que nous sommes). À quoi bon, conclut F. Wolff, un Dieu qui ne s'occupe pas des détails, « quand ces "détails" sont le martyre d'un enfant ou le sacrifice d'un peuple[46] ? ». Le mal reste ainsi rebelle à toute *explication* et, dès lors, la raison reste divisée entre les deux voies. Si nous accordons à cet article, pourtant ancien, une place importante, c'est, outre la centralité de la thématique abordée (les deux voies explorées, nier le mal ou nier la toute-puissance de Dieu, sont bien les seules possibles face au problème du mal), parce que s'y déploie une *méthode* que l'on trouve à l'œuvre dans tous les travaux de F. Wolff[47]. Elle se caractérise par le soin apporté à reconstituer le fil argumentatif de la théorisation présentée au lecteur. Et cette méthode constitue un engagement éthique déterminant. Il suffit, pour en être persuadé, de retenir, après une savante discussion, cette limpide conclusion :

> Que *le* mal existe ou non, il y a des choses injustes auxquelles il faut dire non. Il y a des souffrances infligées intentionnellement[48].

Autrement dit, sans nier la nécessité de la spéculation (l'examen de la question du mal n'est pas un détour inutile), il faut exiger un engagement éthique, dont le noyau, inanalysable, s'exprime dans « le "Non" », lequel résulte du sens que l'on peut donner à l'énoncé « il y

45 Gottfried Wilhelm Leibniz, *Essais de théodicée*, 1710, cité par F. Wolff, art. cité, 1995, note 1, p. 212.

46 F. Wolff, « Le mal », art. cité, p. 213.

47 C'est ce que met en évidence Paul Clavier dans sa très riche analyse de l'article sur le mal au cours de laquelle, au sein du cadre de discussion proposé par F. Wolff, il oppose aux arguments de celui-ci ceux de Richard Swinburne. P. Clavier, tout en cherchant à diminuer la distance entre les thèses des deux philosophes, considère que le mérite de la théodicée de R. Swinburne est « d'aborder de front la question de la permission du mal, au lieu d'innocenter Dieu en le condamnant à l'impuissance », P. Clavier, « Le retour de la théodicée et le défi de la "théodicée du retour" », *in* Juliette Lemaire et Julie Giovacchini (dir.), *Les amis et les disciples*, *op. cit.*, 2019, p. 156.

48 F. Wolff, « Le mal », art. cité, p. 218.

a du mal[49] ». F. Wolff dessine pour l'éthique une voie qui s'émancipe des promesses d'un fondement absolu (par exemple, la nature humaine) ou d'une philosophie du sujet. Il nous faut la résumer.

UNE ÉTHIQUE À LA PREMIÈRE PERSONNE

À partir d'une distinction entre morale et éthique (qui est aujourd'hui encore conforme, chez le philosophe, à ce qu'elle était dans les années 1990 : la morale fait référence au contenu *particulier* du bien alors que l'éthique suppose la nécessité de l'opposition entre le bien et le mal, *en général*), l'affirmation centrale est que l'éthique est fondée sur la notion d'action : les hommes *font* du mal à d'autres hommes. Décrire le monde est insuffisant, il faut surtout comparer ce qui est à ce qui pourrait être. Plus précisément encore, « pour penser qu'il y du mal, il faut à la fois penser ce qui est comme ne devant pas être (c'est mauvais), et en outre comme pouvant ne pas être (c'est mal)[50] ». Si la première exigence nous porte à qualifier de bons ou mauvais les choses qui sont dans le monde ou les événements qui s'y déroulent (et pour laquelle nulle responsabilité n'est à rechercher), la seconde nous oblige à modifier notre ontologie : il y a des choses et des événements mais il y a aussi des *actes*. Ces derniers arrivent *causés par quelqu'un*. Dès lors, « la possibilité de l'éthique se fonde sur la possibilité de l'existence du mal et celle-ci à son tour sur la possibilité de l'action[51] ». Dès lors, s'interroge F. Wolff, quelle signification donner à l'énoncé « quelqu'un agit » et quel contenu aux notions d'acte et de responsabilité ?

Une théorie, dite standard, considère qu'il y a du mal « si l'auteur de l'acte est une personne dotée d'une volonté de nuire à autrui afin de satisfaire ses propres penchants ou intérêts[52] ». Le mal suppose donc un être responsable doté de singularité et d'identité, qui, exprimant une volonté libre, ait agi par égoïsme et qui, ce faisant, s'élève contre la loi, laquelle est universelle (s'impose à tous) et nécessaire (il est de notre devoir d'y obéir). Cette théorie, héritée des Lumières, est au cœur de nos systèmes juridiques démocratiques. F. Wolff la considère comme le meilleur rempart politique et moral contre l'arbitraire. Pourtant, ainsi

49 F. Wolff, *Dire le monde*, *op. cit.*, 2004, p. 255.
50 *Ibid.*, p. 235.
51 *Ibid.*, p. 236.
52 *Ibid.*, p. 237.

que le suggèrent les formes contemporaines du mal, elle se heurte à trois types de difficultés :

> Elle est métaphysiquement contestable, elle est logiquement incohérente, elle est impuissante à penser les formes extrêmes du mal[53].

C'est sur l'examen de ces « difficultés » que se bâtit l'éthique suggestive du philosophe.

Pour ce qui est de la métaphysique sous-jacente, elle repose d'abord sur la notion d'identité personnelle : F. Wolff ne mentionne pas le bateau de Thésée[54], mais c'est l'exemple qui montre le mieux la fragilité de cette notion. Ensuite, elle accorde un poids considérable, sans doute excessif, à la liberté. Quant à sa cohérence interne, la théorie standard en manque singulièrement. Pour être responsable de son acte, une personne doit présenter deux caractéristiques jugées inconciliables par l'auteur : en être la cause (c'est-à-dire pouvoir être imputé à une personnalité singulière et identique à elle-même à travers le temps) et, parce qu'elle en est la cause, rendre l'acte prévisible, ce qui transforme la personne en chose. Comment alors concilier la prévisibilité de mes actes avec la volonté et la liberté supposées ? On se trouve là dans le cercle vicieux de l'établissement de la responsabilité pénale.

Enfin, si le criminel « ordinaire » fait le mal par intérêt personnel, c'est au nom de la toute-puissance de la loi, devant laquelle le moi s'efface, que se commettent les crimes contre l'humanité. Ce n'est jamais le « Je » qui agit mais l'amour inconditionnel de la loi, lequel, en l'occurrence, devient amour du maître et désir de lui obéir inconditionnellement.

Les trois éléments constitutifs de la théorie standard ne résistent pas à ces difficultés : plutôt que considérer l'acte à la troisième personne et au passé (ce qui est nécessaire au jugement), il nous faut penser l'action à la première personne et au présent (ce qui est la condition de l'action). S'il est impossible de comprendre comment une personne a pu agir sans lui attribuer des prédicats contradictoires (identité, liberté), ces derniers sont superflus pour comprendre le rapport du « Je » à l'acte. Pour être

---

53 *Ibid.*, p. 240.

54 Expérience de pensée dans laquelle on imagine un bateau dont toutes les parties sont remplacées progressivement, si bien qu'après un certain temps le bateau ne contient plus aucune de ses parties d'origine. S'agit-il du même bateau ou d'un bateau différent ?

cause de mes actes, « il suffit que je pense et que je sache que, en ce moment, j'agis[55] ». D'où l'importante définition suivante :

> L'éthique se fonde sur l'agir, sur son existence au présent et « en acte », sans laquelle elle se contente de juger[56].

Il importe donc ne pas confondre discours juridique et discours moral.

Cette promotion du « Je » comme cause de mes actes évite l'alternative entre l'être et le faire, puisqu'il est à la fois toujours le même pour celui qui l'emploie et toujours différent à chaque fois qu'il l'emploie, c'est-à-dire ni une chose (toujours la même), ni un événement (qui n'a lieu qu'une fois), « mais un *agent* qui est posé comme une chose par un événement de parole toujours nouveau[57] ». Nous sortons ainsi de la problématique de la causalité, puisqu'il n'y a plus d'un côté la cause (je) et l'effet (agis) :

> « Sans "je" il n'y aurait pas d'acte et sans acte pas de "je"[58] ». Le « Je » rend ainsi compréhensible qu'il y ait des actes et il les rend possibles. La fixité du « Je » est donc la condition transcendantale de l'individuation[59].

Les conséquences philosophiques de la perspective élaborée par F. Wolff sont considérables. En effet, ce sont les fondements d'une philosophie du sujet, posant un être substantiel et autonome à l'origine de toute pensée ou de toute action, qui vacillent : "J'agis", antérieur à toute distinction entre sujet et prédicat, est « la condition *épistémique* d'accès à l'action [...] mais aussi sa condition *ontique*[60] ». Aussi l'action et, par conséquent, l'éthique toute entière, reposent-elles sur un seul mot : « je ». Alors que les choses et les événements sont *donnés*, ni l'acte, ni le « je » ne le sont. Et c'est, écrit le philosophe, précisément parce que rien de l'éthique n'est donné qu'elle a un sens. Celui-ci ne peut être naturalisé, « naturaliser l'éthique, c'est la nier[61] ». C'est un point très important, indice d'une certaine méfiance à l'égard du naturalisme sur

55 F. Wolff, *Dire le monde*, *op. cit.*, 2004, p. 243.

56 *Ibid.*, p. 244.

57 *Ibid.*, p. 245.

58 *Ibid.*

59 *Ibid.*, p. 159.

60 *Ibid.*, p. 247. *Ontique*, parce que « J'agis » est le critère qui permet de distinguer les agents des choses, et de différencier les actes des événements.

61 *Ibid.*, p. 251.

laquelle, notamment parce que nous ne la partageons pas totalement[62], nous reviendrons. En insistant sur la responsabilité du « je » dans ce qui advient, F. Wolff délivre un enseignement précieux : le pire peut se produire lorsque, le « je » étant absent, s'y substitue la soumission à un autre ordre (« la forme générale et contraignante d'un ordre anonyme », lequel peut hélas emprunter le discours de l'universel), lorsque, par conséquent, je deviens un exécutant. Le pas qui sépare l'acte visant le Bien de celui menant au pire est loin d'être infranchissable. Dans un monde où le « je » aurait disparu, il est possible, au nom même de l'humanité, de commettre des crimes contre elle[63]. Les morales, qu'elles soient conséquentialistes ou déontologiques, impliquent un ordre ou un savoir venant de l'extérieur : elles se construisent sans moi alors que l'éthique, au sens donné à ce terme par F. Wolff, implique que je voie le monde à la première personne, que j'admette que c'est seulement moi et toujours moi qui agis (« nous sommes nés pour agir », comme l'écrivait déjà Montaigne[64]). En posant la question de l'agir, nous nous trouvons conduits au point de passage entre l'éthique et le politique. L'éthique est donc, ainsi que le souligne P. Macherey, « le chemin qui conduit naturellement à la politique, en ouvrant le champ perspectif où, dans le risque et dans la lutte, mais aussi dans la discussion, on s'emploie difficilement et interminablement à dire "Nous", là encore sans garantie, et sans la promesse d'une solution définitive au problème sans cesse reposé : comment dire "Je" à plusieurs[65] ? ». Tâche héroïque et infinie car « si le monde est tout ce qu'on peut en dire, nul ne peut tout dire du monde[66] ».

62 Nous dirons *infra* quelle définition du naturalisme nous retenons.

63 Plus précisément, c'est toujours au nom d'une certaine idée de l'humanité que l'on exploite ou extermine d'autres êtres humains.

64 Montaigne (1580), *Essais*, I, Paris, Puf, 1965, p. 89.

65 P. Macherey, « Francis Wolff. Dire le monde », art. cité, p. 115.

66 F. Wolff, *Dire le monde*, *op. cit.*, 2004, p. 232.

DE L'ÉTHIQUE À LA POLITIQUE

Ce passage est exigé par la conclusion du développement précédent, lequel contient à la fois le fondement de l'action politique et l'attribution de la responsabilité. C'est bien entendu la pensée d'Aristote qui est ici convoquée : nous savons le rôle déterminant qu'elle joue dans la formation intellectuelle de F. Wolff. Dès 1991, en spécialiste confirmé de la philosophie grecque (son *Socrate* date de 1985), il propose un livre court mais dense consacré à *Aristote et la politique*. Avant d'en énoncer les enseignements fondamentaux, il faut garder en mémoire la place centrale du Stagirite, tout au long de son œuvre, en particulier dans le choix, non totalement assumé (voir la partie du présent ouvrage consacrée à l'anthropologie), d'une définition de l'homme en tant qu'animal rationnel.

Mais, indissolublement, animal *politique*, autrement dit un être qui vit naturellement dans des communautés politiques et dont le bonheur s'atteint dans cette vie avec ses semblables. Aristote donne ainsi à la communauté la fin la plus élevée :

> Si les hommes vivent ensemble dans des cités, ce n'est pas seulement parce qu'ils ne peuvent faire autrement, c'est pour atteindre le plus haut, le plus grand des biens[67].

Dès lors, une communauté[68], ce sont des hommes unis par une fin commune et, par conséquent, « liés par une relation affective nommée "amitié" et selon des rapports de justice[69] ». La justice n'est donc pas une vertu parmi d'autres, mais la vertu grâce à laquelle une communauté existe et peut continuer d'exister. A-t-on, depuis Aristote, proposé une meilleure définition ? Celle-ci nous dit que le politique est constitutif de l'homme : « Il est dans la nature de l'homme, qui ne l'a pas inventé[70] »,

67 F. Wolff, *Aristote et la politique*, Paris, PUF, 1991, p. 29.

68 Le terme n'est jamais vraiment défini, mais *Éthique à Nicomaque* permet de comprendre l'essentiel de ce qu'entend Aristote derrière lui.

69 F. Wolff, *Aristote et la politique*, *op. cit.*, 1991, p. 32.

70 F. Wolff, « Qui sont les inventeurs de la politique ? », *in* Adauto Novaes, Francis Wolff, Nicole Loraux, Sergio Cardoso (dir.), *Les aventures de la raison politique*, Paris, Métailié, 2006. « http://www.franciswolff.fr/wp-content/uploads/2017/07/Les-inventeurs-de-la-politique.pdf (consulté le 4/11/2020 ».

selon l'heureuse formule qu'Émile Benveniste avait utilisée à propos du langage (« Le langage est dans la nature de l'homme, qui ne l'a pas fabriqué »). Aussi faut-il, pour comprendre l'essence du politique, non pas énumérer ce qui est politique, « mais tenter de déduire *a priori* ce concept de politique, par exemple en s'efforçant de concevoir ce qu'il adviendrait de notre idée de l'humanité *sans* politique[71] ».

Aristote, F. Wolff le souligne avec conviction, s'oppose aux philosophes dits *conventionnalistes* (Hobbes et Rousseau, pour nous limiter aux plus fameux) pour qui l'homme passe de l'état de nature à l'état civil par l'effet d'une convention. Non, « la cité naît *naturellement* (nous soulignons) d'un état originel imparfait qui tend à se réaliser dans un état de nature parfait[72] ». Il entre dans la nature de l'homme une tendance à vivre dans la cité et c'est en la réalisant qu'il tend vers son bien propre. Aristote, et F. Wolff avec lui, s'oppose à Protagoras en faisant de l'homme un individu inachevé, « vivant en cité au-delà de tout intérêt, pour y réaliser son bonheur[73] ». S'il n'était pas inachevé, si donc il n'avait pas besoin des autres pour atteindre le souverain bien, il serait sans désir et ne vivrait pas en cité. La vie politique est dès lors la meilleure des vies possibles (au sens où Leibniz parle de ce monde comme le meilleur des mondes possibles) : « Toute autre vie possible, humainement possible, serait pire[74] ».

VIVRE POLITIQUEMENT

La vie en communauté suffirait-elle à définir le politique ? Non, car si les hommes vivent nécessairement dans des communautés politiques, « ils ne peuvent le faire sans *contrainte*, c'est-à-dire sans *politique* justement. C'est cela vivre politiquement. C'est comme si la nature obligeait les hommes à vivre contre leur nature. Et cette double nature scindée, c'est le politique[75] ». Pour définir celui-ci, il faut donc adjoindre, à la vie communautaire (laquelle instaure une séparation entre « Nous » et « Eux »), la question du pouvoir. Les hommes, précise F. Wolff, dans une filiation kantienne (*l'insociable sociabilité*), sont « d'une nature telle qu'ils

71 *Ibid.*
72 F. Wolff, *Aristote et la politique*, *op. cit.*, 1991, p. 68.
73 *Ibid.*, p. 69.
74 *Ibid.*, p. 70.
75 F. Wolff, « Qui sont les inventeurs de la politique ? », art. cité.

veulent vivre dans une communauté et qu'ils ne *peuvent* pourtant y vivre que contraints[76] ». Se trouve ainsi délimité le champ de la philosophie politique et de la dichotomie qui le constitue entre, d'un côté, les théories du bien commun (à laquelle appartient la pensée aristotélicienne) et, de l'autre, celles du pouvoir (par exemple, Platon, Machiavel, Hobbes). Ces deux instances, la communautaire et la coercitive, sont-elles pour autant nécessairement distinctes ? N'existe-t-il aucun exemple où les deux se confondraient ? Et que faudrait-il en déduire ? F. Wolff, tout en signalant le cas du totalitarisme, où un pouvoir absolu s'exerce contre la société, s'intéresse surtout, à partir des analyses de Pierre Clastres (*La société contre l'État*), aux Tupi Guarani, chez qui le pouvoir absolu est exercé par la société sur elle-même. Une seule instance donc, dont on peut se demander si elle n'incarne pas l'essence même du politique. Mais n'existe-t-il pas un précédent qui nous ramène à la Cité grecque ? Cette dernière n'a-t-elle pas réalisé l'unité des deux instances opposées, « celle par laquelle les hommes vivent ensemble et celle par laquelle ils se soumettent les uns aux autres[77] » ? Ne s'agirait-il pas précisément de la définition de la démocratie ? Il est important ici de mesurer l'équivocité du concept. Son occurrence moderne, issue des trois révoltions, l'anglaise, l'américaine et la française, incarne les principes du gouvernement représentatif, alors qu'elle désigne, à Athènes, l'égale distribution du pouvoir (isonomie). Il y a certes des points communs, la souveraineté du peuple (ce qui correspond à la définition que propose Aristote pour « démocratie ») et l'égalité politique des membres de la communauté. Mais alors que les Anciens ignorent la séparation des deux instances susmentionnées, les Modernes la maintiennent. Dans le premier cas, l'élection de représentants est anti-démocratique (les Grecs parlent alors d'oligarchie) et le recours au tirage au sort fréquent, dans le second le choix des gouvernants est considéré comme l'expression même de la nature démocratique du régime. Au-delà de cette importante distinction, ce qui doit retenir notre attention relève des enseignements qu'en tire F. Wolff.

D'abord à propos de l'appréciation de la procédure de tirage au sort : cette dernière se fonde sur l'énoncé des conditions, extrêmement strictes, de soumission des candidats. En premier lieu, s'exerce une

76 *Ibid.*
77 *Ibid.*

auto-sélection liée à la lourdeur des charges et aux sanctions accompagnant leur mauvaise exécution. Ensuite, plus que les supposées compétences sont appréciées, au cours d'un examen (la *dokimasia*), les vertus civiques. En troisième lieu, la délibération collective joue un rôle déterminant, les charges étant assumées collégialement. Enfin, un vote de l'Assemblée suffit à suspendre la charge du magistrat, celui-ci étant soumis, en fin de mandat, à la reddition de comptes. Vient-on d'énoncer la réponse de F. Wolff, lecteur attentif d'Aristote, à la question du meilleur régime ?

L'EXERCICE DÉMOCRATIQUE

Sans doute, car on peut voir dans l'accent mis sur la délibération collective un lien solide entre éthique, politique et anthropologie. C'est en effet la délibération qui permet à « l'homme tel qu'il est d'insérer son action dans le monde tel qu'il va[78] », autrement dit de réaliser l'essence de l'humaine condition, qui est politique. Il nous semble, en passant, que cette dernière proposition est fortement nuancée dans les travaux les plus récents, marqués par une forte propension à ne pas réduire l'humanité à la citoyenneté. Comme si, chemin faisant, les droits humains avaient acquis le statut de propriété inaliénable des sujets, alors que le républicanisme civique d'Aristote (et d'Arendt) ne peut les envisager non comme fondement mais comme produit de la politique. La perception du risque de les dissoudre en les liant à l'exercice de la citoyenneté marque, à notre sens, le passage chez F. Wolff, d'un humanisme classique à un humanisme cosmopolitique[79]. L'insistance sur la philosophie des droits de l'homme dans les travaux récents corrobore ce point de vue : nous naissons d'abord humain avant d'être citoyen. Revenons à la question de la délibération car elle est tout à fait décisive. C'est « lorsqu'ils délibèrent en commun que les citoyens libres ne forment ni une foule, ni une meute, mais un corps politique qui est plus sage que les plus sages[80] ». Mais cette « sagesse de la multitude », selon le titre (inspiré) d'un article de C. Girard, lequel se réfère à la doctrine du

78 F. Wolff, *Aristote et la politique*, *op. cit.*, 1991, p. 113.

79 C'est cette voie qu'il explore, en particulier dans *Trois utopies contemporaines* et dont nous parlons *infra*.

80 Charles Girard, « La sagesse de la multitude. Actualité d'un moment aristotélicien », *in* Juliette Lemaire et Julie Giovacchini (dir.), *Les amis et les disciples*, *op. cit.*, 2019, p. 352.

même nom de Jeremy Waldron[81], au cœur des théories épistémiques de la démocratie[82], pourrait laisser penser que c'est la variété de points de vue, même limités, sur une question donnée qui fait la qualité de la décision globale. La sagesse collective, l'importance de la diversité cognitive serait alors l'argument décisif en faveur de la supériorité des décisions démocratiques. Ce qui autoriserait une défense de la démocratie non seulement pour des raisons de principe, mais également pour des raisons instrumentales. On pourrait penser que c'est ainsi que procède F. Wolff :

> L'assemblée du peuple, comme la cité elle-même, a des qualités propres : c'est un tout et non un tas ; en y mêlant qualités et défauts individuels on obtient une unité d'un autre ordre[83].

Et même si, comme l'écrit Aristote, « la masse est plus difficile à corrompre que des gens peu nombreux[84] », on ne saurait se résoudre à instaurer la vertu par la simple agrégation des jugements. Quelle place alors conserverions-nous à la délibération ? Il semble difficile d'étayer l'idée de la sagesse de la multitude sur cette base. Ce n'est en effet pas, en définitive, cette direction que choisit F. Wolff : pour lui, le primat doit rester à la délibération collective[85]. Nous avons insisté dans notre première partie sur le rôle de la parole dans la philosophie de F. Wolff. Elle est ici le moyen de l'exercice démocratique. Aristote fonde en effet le caractère naturellement politique de l'homme sur son aptitude à la parole ou, plus exactement, l'aptitude de tous à parler. Ce lien du politique et du langage est inscrit dans l'institution même de l'*isègoria* : « Tous les hommes, et tous les hommes également, en tant simplement qu'ils parlent, sont aptes à vivre en communauté, et précisément en tant qu'ils parlent et peuvent dire le juste et l'injuste, sont aptes à participer au

81 Jeremy Waldron, « The Wisdom of the Multitude : Some Reflections on Book 3, Chapter 11 of Aristotle's Politics », *Political Theory*, 23 (4), 1995, p. 563-584.

82 Dont l'auteur principal est David Estlund. Sur cette orientation théorique, on lira l'article très critique de Soumaya Mestiri, « Déconstruire la démocratie épistémique ? Remarques sur le procéduralisme épistémique d'Estlund », *Philosophiques*, 40 (2), p. 433-455.

83 F. Wolff, *Aristote et la politique*, *op. cit.*, 1991, p 112.

84 Cité par C. Girard, « La sagesse de la multitude. Actualité d'un moment aristotélicien », art. cité, p. 354.

85 Néanmoins, il ne faut pas exagérer les vertus de la délibération. C. Girard note, et démontre, qu'elle peut parfaitement rendre les individus moins rationnels.

pouvoir de ladite communauté[86] » (bien entendu, F. Wolff n'oublie pas de souligner que la communauté des citoyens est très loin de coïncider avec la collectivité des habitants, si bien qu'elle exerce son pouvoir sur tous ceux qui en sont exclus, les femmes et les esclaves pour l'essentiel). Mais, il convient de le noter, le pouvoir ne vient pas de celui qui parle, mais de ceux à qui il s'adresse. D'où l'importance de la rhétorique, de l'art de persuader : Athènes est une « civilisation de la parole publique[87] ». Et la volonté de persuader a pour objet de déterminer ce qui doit, sans prendre le passé pour modèle, être fait. La Cité grecque est ainsi structurellement contrainte d'inventer des raisons et, ce faisant, son identité future. Si bien que le parallèle esquissé avec les sociétés étudiées par Pierre Clastres se révèle très fragile. Si, dans les deux cas, *le* politique est effectivement inventé, l'une le fait en évitant *la* politique, l'autre en en faisant. Il y a en Grèce un *amour* de la politique, tel que celle-ci devient l'affaire de tous : « *Faire* de la politique est en effet pour un Grec le genre de vie le plus élevé[88] ». Reprenant la distinction de C. Lévi-Strauss entre sociétés-horloges (des machines « froides » qui produisent peu de désordre) et sociétés-machines à vapeur (« chaudes » parce qu'elles créent l'histoire), F. Wolff range la Cité grecque dans la seconde catégorie, au sein de laquelle « le pouvoir s'empare de la communauté pour la faire sienne[89] ». Et chez lui comme chez Aristote, la philosophie et la démocratie se « fondent l'une et l'autre sur une spécificité de la sphère politique (que ce soit eu égard aux sciences ou à la "morale"), dans la mesure où elles s'enracinent l'une et l'autre dans une "anthropologie de la finitude" pour laquelle la contingence est inscrite dans la nature même des choses humaines ». Aussi, « la politique aristotélicienne est-elle "démocrate" et la pensée de la démocratie aristotélicienne, quoiqu'Aristote lui-même ait pu en penser[90] ». Il faut insister sur l'originalité de l'analyse de F. Wolff, laquelle bouscule les idées reçues sur Aristote, très souvent considéré comme un ennemi de la démocratie[91]. Il est important de souligner

86 F. Wolff, « Qui sont les inventeurs de la politique ? », art. cité.

87 Pierre Vidal-Naquet, « Grèce », *Encyclopœdia Universalis*, Paris, 1976, vol. VII, p. 1009. Cité par F. Wolff, art. cité, 2006.

88 F. Wolff, « Qui sont les inventeurs de la politique ? », art. cité.

89 *Ibid.*

90 F. Wolff, *Aristote et la politique*, *op. cit.*, 1991, p. 122-123.

91 Comme il l'avait fait dans un texte de 1983, « Démocratie et vérité », *Manuscrito*, Campinas, Brésil, vol. 6, n° 2, p. 151-171, où il distinguait « vérité platonico-aristotélicienne », qui

que le livre de 1991, au plus près du texte du Stagirite, n'a jamais été infirmé durant les trente années suivantes. Bien au contraire, sans négliger les aspects strictement contextuels, F. Wolff a lu Aristote avec le souci d'éclairer notre présent. Chez lui, l'histoire de la philosophie est toujours au service de l'argumentation ou, si l'on préfère, de la spéculation philosophique, comme l'exemplifie *Notre humanité*, livre dans lequel il parcourt l'ensemble de la philosophie occidentale pour chercher à penser l'humain. Ce faisant, redisons-le, il pose la question fondamentale « Qu'est-ce que l'homme ? » dont on pourrait dire, avec Montaigne qu'elle est la seule digne du « désir de la philosophie ». F. Wolff, en la posant, à rebours de la tendance à survaloriser les recherches sur de tout petits objets, se refuse à laisser Alciphron l'emporter sur Philalèthe[92].

VERS UNE DÉMOCRATIE COSMOPOLITIQUE ?

Dans la perspective des Lumières, telle qu'elle s'exprime chez Kant, le cosmopolitisme se fixe pour objectifs d'assurer la paix universelle et d'énoncer les conditions de l'accueil des étrangers. Ces dernières se résument dans l'hospitalité qui, précisément, n'est pas un droit d'accueil mais de simple visite. Kant se refuse à supprimer les frontières, puisque les hommes, compte tenu de leur nature, ne peuvent vivre qu'à l'intérieur de Cités. On est dès lors très éloignés de l'utopie, d'autant que le philosophe allemand, après avoir abandonné l'idée d'un État mondial, défend une Fédération d'États libres, ce qui évidemment n'est pas utopique puisque partiellement réalisé par l'Union européenne[93]. Le projet de F. Wolff est, au contraire, de pousser à son terme la logique de l'utopie. L'état d'esprit qu'il nous propose d'adopter est assez proche du refus exprimé par Étienne Balibar de laisser notre imagination s'enfermer dans l'alternative du réalisme et de l'irréalité, « alors que le réalisme est profondément irréel, et qu'en un autre sens l'irréel, voire “l'impossible”,

---

vaut pour le champ scientifique, et « vérité protagoréenne », applicable dans le champ politique. Pour F. Wolff, l'opposition de ces deux vérités constitue toujours l'horizon de notre histoire. Cette idée sera reprise et amendée dans « Trois techniques de vérité dans la Grèce classique. Aristote et l'argumentation », *Hermès*, n° 15, 1995, p. 41-71.

92 J'emprunte cette image à Bernard Sève, « La méthode de symétrie chez Francis Wolff », art. cité, p. 490. Philalèthe recherche la vérité, là où Alciphron s'intéresse aux petites choses du quotidien.

93 Sur l'Europe en tant qu'utopie, on lira F. Wolff, « Les trois utopies européennes », *L'Ours*, n° 82-83, janvier-juin 2018, p. 159-168.

est ce sans quoi aucune réalité ne se soutient dans l'histoire humaine[94] ». Le cosmopolitisme est, pour l'auteur, une utopie humaniste puisqu'il vise à élargir le statut de citoyen à tous les hommes et à proposer une éthique à la troisième personne, la justice globale. Cette utopie exige l'abolition des frontières. Il nous faut reconnaître qu'est exprimée ici, en toute rigueur, la logique profonde de l'utopie cosmopolitique. Celle-ci ne pourrait se contenter de proposer une communauté politique parfaitement juste et une communauté humaine parfaitement morale. Elle viserait plutôt à supprimer la distinction entre politique et morale, abolition à laquelle se refusent ceux qui se contentent de bienveillance et de fraternité. Dans la perspective de Francis Wolff, plus d'étrangers ni de frontières si l'on souhaite que la politique soit directement morale[95] : comme certains proposent de dépénaliser l'usage des stupéfiants, « il faut dépénaliser les migrations en abattant les frontières et accepter la libre circulation internationale des êtres humains[96] ». Le modèle valorisé est celui de la recherche scientifique, pratique cosmopolitique par essence, son apport étant destiné à l'humanité comme telle, sa démarche et ses résultats étant « indépendants des langues, des cultures, des nations ou des États » et leurs procédures de légitimation étant universelles[97]. Dans cette optique, le cosmopolitisme apparaît comme le stade suprême de l'humanisme, comme un rêve de réconciliation de l'humanité avec elle-même. Ce rêve de réconciliation se fonde sur le devoir d'accueil des réfugiés, mais il doit également viser la réalisation de l'État mondial, « qui serait à la condition humaine sur terre ce qu'est la démocratie achevée à la condition politique[98] » ? Dès lors, il nous faut combattre les représentations qui décrivent les migrants comme ceux qui violent les frontières. Bien au contraire, comme l'écrit magnifiquement Patrick Chamoiseau, ils font « advenir un monde là où il n'y avait qu'un globe, ils en composent les partages en trouant les lignes de séparation de points de passage et de lieux de vie où éclosent les mondes et se rencontrent les peuples. [...] Car les migrants *ça fait du monde*. Et ce monde peut accueillir les exilés du monde, recueillir celles et ceux qui par le seul fait

94 Étienne Balibar, « Après l'utopie, l'imagination ? », *Le Monde*, 24-10-1997.
95 F. Wolff, *Trois utopies contemporaines*, Paris, Fayard, 2017, p. 124-126.
96 *Ibid.*, p. 133-134.
97 *Ibid.*, p. 141.
98 *Ibid.*, p. 171.

de leur existence ont un droit à l'asile[99] ». Ainsi, c'est dans les camps de migrants que se présente la tâche de faire monde entre étrangers. Ces mondes communs « surmontent les obstacles et les murs dressés par les identités nationales, les langues, les mœurs, les églises et les pouvoirs gouvernementaux chargés d'assurer le partage autorisé des privilèges et la jouissance des biens captifs[100] ». Le souci définitionnel, constant chez l'auteur, l'incite à distinguer trois types de cosmopolitisme pour s'intéresser au troisième, celui de la justice globale qui pense « injuste de discriminer les êtres humains selon leur naissance », mais aussi « selon leur lieu de naissance », suggérant par cette simple précision l'indissolubilité des liens entre impératif démocratique et aspiration cosmopolitique, décrites comme donnant du sens à l'action politique, soit comme des « utopies constructives ».

L'auteur dégage l'importance de l'apport de Protagoras (dont la pensée nous est restituée par Platon dans le dialogue éponyme) pour comprendre qu'une défense, anthropologiquement fondée, de la démocratie constitue une parfaite illustration du cosmopolitisme : la Cité, qui n'a pas, chez le célèbre sophiste, d'autre limite que l'espèce humaine, apparaît comme l'« effet de la condition humaine elle-même, condamnée à la vie commune pour survivre ». Et Francis Wolff d'en tirer la conséquence décisive suivante :

> La communauté politique est démocratique par essence. Et la communauté démocratique est cosmopolitique par essence[101].

Les idées de démocratie et de cosmopolitisme reposent donc sur les mêmes valeurs et les mêmes principes, ceux des Lumières et de la Révolution française[102]. La récente globalisation, malgré l'équivocité de ses effets, vient renforcer l'aspiration à une démocratie cosmopolitique. Néanmoins, cette aspiration est profondément contrariée par le fait qu'il s'agirait d'idéaux hors d'atteinte. Celui de la démocratie parce que les hommes, bien qu'étant « d'une nature telle qu'ils *aspirent à* vivre dans

99 Patrick Chamoiseau, *Frères migrants*, Paris, Seuil, 2017, p. 45.

100 Étienne Tassin, « Cosmopolitique et xénopolitique », *Raison présente*, n° 201, 1er trimestre 2017, p. 104.

101 F. Wolff, « Cosmopolitisme, stade suprême de la démocratie », *in* Alain Policar (dir), *Le cosmopolitisme sauvera-t-il la démocratie ?*, Paris, Classiques Garnier, 2019, p. 34.

102 *Ibid.*, p. 36.

une communauté », « ne *peuvent* pourtant y vivre que contraints[103] ». Manière de dire que le pouvoir ne peut s'identifier complètement à la société civile. Quant à l'idéal cosmopolite, ses difficultés sont proches :

> L'individu abstrait du cosmopolitisme, ne peut, de fait, manquer de se définir concrètement par son identification à des communautés concrètes[104].

C'est cette proximité qui autorise à chercher dans la façon dont la démocratie a su contourner « l'impossible coïncidence de la communauté et du pouvoir » des leçons pour parvenir à atteindre l'idéal cosmopolitique. En s'inspirant de l'invention d'un système qui a su concilier l'idéal isonomique et l'existence d'un gouvernement séparé de la communauté, nous pourrions défendre le projet d'une fédération et voir dans le principe de subsidiarité qu'elle présuppose l'équivalent de ce qu'est le principe de la représentation pour la démocratie.

Si Francis Wolff appelle de ses vœux la construction d'une conscience cosmopolitique permettant l'émergence d'une citoyenneté universelle, il ne sous-estime nullement les risques que les replis communautaires, et plus encore les diverses tentatives pour dépouiller l'homme de ses caractéristiques proprement humaines, puissent avoir raison de cette utopie.

---

103 *Ibid.*, p. 38.
104 *Ibid.*, p. 42.

ANTHROPOLOGIE

La force de l'humanisme

L'anthropologie de F. Wolff est bien entendu repérable dans chacun de ses travaux. Mais c'est parfois par des chemins détournés que s'expriment avec limpidité les objectifs majeurs de l'anthropologie philosophique[1] de l'auteur. L'un de ceux-ci (mais il s'agit plutôt d'une voie royale) est sans aucun doute son ouvrage consacré à la philosophie de la musique. Car ce dernier n'est pas seulement, nous le verrons, une contribution majeure à l'esthétique : en faisant de la musique un universel anthropologique, il poursuit la tâche ontologico-métaphysique inaugurée avec *Dire le monde*. Il est d'autres chemins, encore moins empruntés, qui donnent à la pensée de F. Wolff les couleurs singulières qui suffisent à justifier notre intérêt pour son travail. Nous évoquerons donc, à travers sa brève dissertation sur l'amour, son souci de définir, consubstantiel à son éthique de la philosophie. Dans un second temps, nous analyserons les livres qui se proposent explicitement d'élaborer un humanisme pour notre temps et qui, ce faisant, établissent des liens substantiels entre politique et anthropologie, essentiellement *Notre humanité*, *Trois utopies contemporaines* et *Plaidoyer pour l'universel*.

CHEMINS DE TRAVERSE

C'est à l'occasion de la présentation de *Carmen* à l'Opéra Bastille, en avril-mai 2019, que F. Wolff écrit : « Carmen est à l'image contradictoire

---

1 Il y a sans doute de nombreuses manières de caractériser l'œuvre de F. Wolff. La plus adaptée nous semble être *anthropologie philosophique*. C'est également l'avis de Frédéric Worms, « L'humanisme rationnel de FW (Francis Wolff) », *in Les amis et les disciples*, *op. cit.*, p. 429.

de son héroïne. Opéra-comique à la française et tragédie grecque. Pas de duos, mais des duels. Manzanille, séguedille, issue fatale. Pas d'amour mais des rapports de force : Carmen est une corrida ». Elle est aussi, confie-t-il à Pierre Vidal, une compagne de toute une vie :

> J'ai écrit sur la musique, sur la tauromachie et sur l'amour : et, au carrefour de ces trois passions, il y a Carmen[2].

Parler de la corrida nous éloignerait de notre projet d'analyser les grandes lignes de l'anthropologie wolffienne. Nous ne le ferons donc qu'incidemment.

LA MUSIQUE : UN UNIVERSEL ANTHROPOLOGIQUE

La question que pose F. Wolff est en effet aussi simple qu'importante : pourquoi faut-il que les hommes fassent et écoutent de la musique ? On insistera sur le fait que cette question renvoie à une autre que l'auteur a préalablement posée, *Pourquoi y a-t-il quelque chose plutôt que rien ?*, dans un ouvrage sous sa direction (en 2007), et à l'aune duquel ses réflexions sur la musique doivent être comprises (voir *supra*). Il faut, une fois encore, souligner les liens entre métaphysique et anthropologie dans la pensée du philosophe (c'est un constat qui vaut pour tous les grands auteurs) et, dès lors, le caractère artificiel des séparations que nous avons introduites. C'est d'ailleurs ce que F. Wolff précise lors de la récente discussion des principales thèses de *Dire le monde*. En réponse à Jim Gabaret qui, implicitement, suggère que l'ontologie universaliste[3] défendue par le philosophe aurait mérité d'être étayée par des arguments empiriques, tels ceux fournis par la psychologie évolutionnaire ou la linguistique chomskyenne, F. Wolff écrit qu'il a cherché dans *Pourquoi la musique ?* à donner vie à l'échange interlocutif humain en recourant à la perception :

---

2 Pierre Vidal, *Francis Wolff. Moments de vérité*, Orthez, Éditions Gascogne, 2019, p. 197. Ce livre permet, sans oublier le philosophe, de rencontrer l'homme. F. Wolff y évoque son enfance et, plus particulièrement, le rôle joué par un homme, le rabbin Édouard Gourevitch de Neuilly, une figure de la Résistance, compagnon de cellule de Jean Zay. Dans son rapport au judaïsme, il met en avant la fidélité. On peut imaginer qu'elle s'enracine principalement dans la permanence de l'hostilité à l'égard des Juifs et que, dès lors, F. Wolff répond assez bien à la définition sartrienne (du Sartre de *Réflexions sur la question juive*, ouvrage publié en 1946) selon laquelle c'est l'antisémite qui fait le Juif. Il considère ainsi que la condition juive est, par essence, diasporique.

3 *Dire le monde* est déjà un « plaidoyer pour l'universel », *Dire le monde*, *op. cit.*, 2020, p. 471.

> Au centre du champ visuel et à l'intersection avec les sujets de prédication, j'ai placé les choses ; au centre du champ sonore et à l'intersection avec les prédicats, j'ai placé les événements ; et au centre du champ identificatoire et à l'intersection avec l'interlocution, j'ai placé les personnes[4].

Aussi loin que l'on remonte dans le temps, il n'y a pas d'humanité sans musique (au moins en ce qui concerne *Homo sapiens sapiens*). Et, en effet, de nombreuses disciplines empiriques se penchent sur ce fait. La musique serait-elle nécessaire pour maintenir la cohésion sociale ? Permettrait-elle une régulation des émotions ? Jouerait-elle un rôle dans le processus évolutif ? Pourquoi demeure-t-elle ? Tout se passe comme si la musique n'était pas prévue au programme de l'évolution. Le point commun de ces questionnements est de nier l'autonomie de la musique, de la réduire à ses fonctions sociales ou adaptatives. Comprendre ce qu'elle est exige un point de vue philosophique.

Il nous faut préalablement dire que, pour F. Wolff, le sens de la musique (provisoirement définie comme l'art des sons[5]) ne renvoie ni à des choses, ni à des images mais à des successions d'événements, des événements sans choses. Dans son allégorie de la caverne, telle que Platon l'expose dans le livre VII de *La République*, les hommes n'ont accès qu'à des ombres, et non à des réalités. Imaginons qu'au lieu des ombres des choses, nous percevions l'écho des événements. Sortir de la caverne, ce serait alors accéder à la musique, c'est-à-dire à un monde où les événements arrivent de façon ordonnée et au sein duquel les choses sont devenues inutiles et la succession d'événements autosuffisante. La raison d'être des sons se trouve dans d'autres sons. La musique nous plonge ainsi dans un monde où les choses ne nous manquent pas, un monde purement héraclitéen. Se pose alors la question de savoir quand un son doit être considéré comme produisant de la musique. Jamais, en réalité, car la musique commence lorsque l'on passe d'un son à l'autre, dès lors dans l'intervalle[6], soit dans le rapport entre deux événements

4 *Ibid.*, p. 470.

5 F. Wolff raconte qu'il découvre cette définition, dès l'enfance, inscrite dans un petit manuel de musique et il commente : « Je ne sais pas si ce fut mon entrée dans la "théorie musicale", mais je crois que ce fut mon entrée en philosophie. Il y avait dans cet énoncé tout le pouvoir magique des formules définitionnelles. Elle concentrait en quelques mots simples le mystère des choses impalpables », *Pourquoi la musique ?*, Paris, Fayard, 2015, p. 27.

6 Il faut préciser ici qu'il est fait référence à des sons *successifs* car il existe des intervalles de sons simultanés, les accords.

sonores. On perçoit le lien entre l'ontologie, essentiellement proposée dans *Dire le monde*, et le prolongement que lui donne F. Wolff, tout particulièrement dans la troisième partie de *Pourquoi la musique ?*. Il s'agit de comprendre comment la musique se rapporte au monde réel et ce qu'elle fait de lui, c'est-à-dire de savoir ce qu'elle nous en *dit* et si elle en autorise une *représentation*. La musique nous dit-elle quelque chose et, si oui, le fait-elle de la même manière qu'un discours ? Le débat classique entre formalistes (qui occultent la question du sens, les défenseurs de la musique « pure ») et « sémantistes » (qui, à l'opposé, privilégient le sens) ne peut être abordé en détail sans nous éloigner du thème central du présent ouvrage. Il nous suffira de préciser que F. Wolff, en utilisant la méthode kantienne des antinomies[7], distingue entre *dire* et *exprimer*. Si les signes du discours renvoient aux choses qu'ils manifestent, ceux de l'expression « *viennent* des choses elles-mêmes qui ainsi *se* manifestent[8] ». Dès lors, la question devient de savoir ce que la musique exprime. Pour le comprendre, F. Wolff fait référence à une expérience dans laquelle Glenn Gould joue le rôle principal. L'interprète génial de Bach n'aimait pas Mozart, et il le jouait de façon mécanique sans la moindre trace d'expressivité (alors que la *Sonate en la mineur*, qui sert d'exemple à la démonstration, donne généralement lieu à des commentaires insistant sur le caractère dramatique de l'œuvre), à l'opposé de la plupart des autres interprètes et sans doute très loin de ce que Mozart semblait vouloir exprimer. Qu'apprenons-nous ici ? Que « les éléments d'interprétation l'emportent en expressivité sur les constituants de "discursivité" et sont capables d'en annuler ou d'en contrarier tous les effets[9] ». En d'autres termes, l'émotion esthétique est provoquée par la perception des relations de causalité interne qu'exprime l'interprétation de Glenn Gould et que peut également percevoir un enfant autiste, alors même que l'émotion est absente. Après une analyse très détaillée des composantes de l'émotion, F. Wolff conclut (provisoirement) que la musique n'exprime pas mes émotions vécues et éprouvées, le *quale* unique, mais « l'affect général, sans objet », la joie dans la musique étant toujours sans raison[10]. Non des émotions donc, mais des *humeurs*, c'est-à-dire des émotions amputées

7 Il parle notamment des « antinomies de la sémantique musicale », p. 221-225.
8 *Ibid.*, p. 226-227.
9 *Ibid.*, p. 277.
10 *Ibid.*, p. 252.

de leur composante intentionnelle[11]. Mais le constat est incomplet : la musique exprime une infinité de *climats*, lesquels sont la face extérieure, publique des humeurs, intérieures et privées[12]. Les climats, tels que définis par F. Wolff, ne dépendent ni de nous (c'est le monde imaginé par l'artiste qui en est à l'origine), ni des choses (puisque le monde représenté n'existe pas). Chaque musique crée donc « un monde imaginaire d'événements purs[13] ». Cette formulation renvoie aux thèses majeures de *Dire le monde* (voir *supra* notre développement intitulé « Un rapport pratique au monde »). Comment un tel monde peut-il être expressif ? Comment la musique peut-elle être expressive sans exprimer quoi que ce soit ? La réponse est aussi convaincante que, nous semble-t-il, neuve. Alors que l'idée d'expression paraît forcément transitive, la clé de l'expressivité musicale réside dans « l'expressivité "tout court"[14] ». Mais comment une suite de sons peut-elle *exprimer* quoi que ce soit ? La solution proposée par l'auteur implique de rompre avec trois présupposés. Le premier réduit la musique aux grandes œuvres, le deuxième en fait un objet, un état (alors qu'elle est un processus), le troisième adopte exclusivement le point de vue de l'auditeur, supposant ainsi que la musique *s'écoute* alors qu'elle est aussi quelque chose que l'on *fait*). Dès lors, le problème de l'expressivité s'éclaire lorsqu'on « considère la musique comme un processus autonome ou comme un acte que tout un chacun peut faire ». Et F. Wolff de conclure : « L'expressivité est un problème "adverbial", non "adjectival"[15] ». S'il est désormais entendu que la musique « veut dire » quelque chose, elle *représente* aussi quelque chose. Le fait-elle à la manière d'une image ? Non, car la représentation par l'image « abaisse le modèle idéal jusqu'au réel sensible ». On représente le supérieur par l'inférieur. Au contraire, dans la musique, le mouvement de représentation est performatif : « On va du réel, des sons, vers l'idéal représenté, vers un monde d'événements épurés du chaos[16] ». On va donc de l'inférieur vers le supérieur. La musique exprime les passions humaines « dans un

11 Dans la musique, la composante causale des événements réels disparaît pour laisser place à une « *causalité imaginaire* des événements sonores entre eux », *Ibid.*, p. 254.

12 « On éprouve l'un [le climat] hors de soi, on ressent l'autre [l'humeur] en soi », *Ibid.*, p. 256.

13 *Ibid.*, p. 260.

14 *Ibid.*, p. 261.

15 *Ibid.*, p. 284.

16 *Ibid.*, p. 334.

monde supposé *représenter "performativement"*[17] un monde d'événements purs, un idéal qui n'existe pas avant l'art, mais qui se met à exister par lui[18] » Alors que nous avons, par les images, accès *sensiblement* à un monde de choses sans temps, nous avons, par la musique, accès à un monde d'événements sans choses. La musique représente « un ordre temporel sans spatialité ». Il s'agit donc de comprendre ce que la musique fait au temps. Nous voyons ici qu'à travers l'analyse de la musique, F. Wolff aborde le problème de la causalité :

> La musique est comme la vie. Elle est faite de notes, d'accords, de silences, en lesquels elle peut être analysée – événements que par, par la grâce des relations de causalité qui les lient, elle transforme en un tout autonome[19].

Tout type de musique est structuré par des relations de causalité interne, de causalités entrelacées.

On insistera sur ce rôle de la causalité dans l'argumentation de F. Wolff. Elle s'exprime dans la répétition, tout en permettant d'éviter cette dernière en créant de l'imprévu dans l'imprévisible. Cet apparent paradoxe mérite explication. Pour F. Wolff, toute musique est entendue comme un certain équilibre entre le prévu et l'imprévisible :

> Une musique dont le déroulement nous paraît totalement imprévisible nous demeure opaque et ne nous cause aucun plaisir, lequel suppose une part de prévisibilité du discours qui nous le rende compréhensible. Inversement, une musique dont le déroulement nous semble totalement prévisible paraît plate, ennuyeuse[20].

Si la répétition est la forme la plus simple de causalité *interne* à la musique (elle obéit à une loi), les variations la transforment en causalité *ordinaire* dans laquelle les événements ne sont plus seulement déterminés par ceux qui les précèdent immédiatement mais aussi par ceux qui relèvent du contexte.

Le philosophe souligne, en regrettant que l'on n'y fasse suffisamment attention, l'invention géniale de l'humanité : les notes, lesquelles sont une organisation des sons, une discrétisation du spectre sonore (pour

---

17 L'usage ici de ce terme indique le recours à John Austin, *Quand dire, c'est faire* (voir p. 284 et 323).

18 *Ibid.*, p. 334.

19 F. Wolff, *Pourquoi la musique ?*, *op. cit.*, p. 372.

20 *Ibid.*, p. 145.

utiliser le langage de la physique). Mais de cette organisation, il ne résulte pas de la musique. Il faut un deuxième ordre, temporel cette fois, car la musique est un processus, c'est-à-dire une entité autonome (non réductible à un chose ou à des événements) qui peut être décrite comme la fusion d'événements en une chose. Ces deux entités, chose et événement, qui font le processus musical, sont en même temps les conditions transcendantales de la musique (même si certaines musiques sont plus événementielles, d'autres plus « chosiques »). Néanmoins, la musique est un peu plus qu'un processus.

Elle est aussi rapport au temps, non seulement subjectif mais objectif à travers les idées de permanence (en référence, selon la terminologie de Peter Strawson, à un son-maître, le bourdon par exemple, sans lequel nous serions perdus), de succession (nous entendons des sons causalement reliés) et de simultanéité (nous entendons les interactions entre des voix ou des sons simultanés qui sont en rapport de dépendance et de causalité réciproques), idées constitutives du temps, selon Kant[21], indépendamment de la conscience que nous en avons. Ces trois dimensions sont en quelque sorte rationalisées. En effet, à la permanence se substitue la *substantialité*, soit l'idée que les êtres temporels, ici les notes, sont à la fois permanents et changeants, à la succession se substitue la *causalité*, et à la simultanéité se substitue l'*interaction*, autrement dit l'idée que certains êtres ne surviennent en même temps qu'en raison de leur connexion. Ainsi, la musique rationalise le perceptif : elle est « l'intelligence sensible du monde des événements[22] ». Par elle, ces derniers sont apprivoisés, tout comme « le temps du monde dans lequel ils arrivent[23] ». C'est d'ailleurs parce que nous avons besoin d'apprivoiser les événements que nous faisons de la musique. Celle-ci n'est donc certainement pas une illusion, comme l'écrit Cioran dans *Aveux et Anathèmes* (même si, pour l'écrivain, elle « rachète toutes les autres »). L'apport principal de ce livre est, il convient de ne pas l'oublier, sa préoccupation universaliste. Car, partout où il y a des hommes, il y a de la musique : elle nous fait danser sans aller nulle part, elle crée en nous le silence qu'elle nous impose, elle nous donne le sentiment de commander à des événements en réalité produits hors

21 Les idées ici mentionnées n'ont pour Kant aucun rapport avec la musique.
22 *Ibid.*, p. 347.
23 Francis Wolff, « Comprendre le discours musical », Entretien avec Franck Renucci, *Hermès*, nº 72, 2015, p. 149.

de nous. L'accent mis sur les aspects conceptuels ne doit pas occulter les références à la variété et à la richesse de l'expérience humaine. C'est pourquoi, au contraire de la quasi-totalité des livres sur le sujet, celui de F. Wolff évoque toutes sortes de musiques : musiques populaires et savantes, musiques du monde et musiques occidentales, etc. Il transpire de toutes les émotions subjectives que celles-ci nous donnent.

Précisons encore que la conception défendue par F. Wolff, bien qu'elle puisse s'en émanciper (la valeur d'une œuvre d'art dépend de nombreux autres facteurs, tels l'authenticité, la force politique, l'originalité, etc.), ne fait pas totalement l'économie de l'idée de beauté. Si cette dernière n'explique pas toutes les émotions musicales (par exemple, les pures vibrations), elle rend tout de même compte, parmi elles, des émotions esthétiques (définies comme celles que la musique nous donne). Cela revient à se demander ce que la musique fait à l'esprit. Les neurosciences pourraient-elles répondre à la question ? Pour F. Wolff, et sa réponse ne se limite pas à l'explication de l'émotion musicale, si nous pouvons imaginer qu'elles se montrent capables de décrire, il est douteux qu'elles parviennent à expliquer la relation entre cerveau et pensée. Cette dernière remarque vaut évidemment lorsqu'il est question de l'amour.

DE LA NATURE DE L'AMOUR

À l'instar d'Émile Durkheim qui choisit de faire de l'acte individuel qu'est le suicide un objet sociologique, Francis Wolff observe les voies singulières de l'amour pour prendre celui-ci comme objet philosophique. Les dernières lignes de son ouvrage soulignent en creux l'originalité de sa réflexion : l'amour est, dans la littérature, le motif d'un grand nombre d'histoires, « chants déchirants, comédies irrésistibles, tragédies bouleversantes », mais « de toutes ces histoires réelles ou imaginaires, *la philosophie n'a rien à dire* (nous soulignons)[24] ». Alors que tant d'auteurs évoquent le sentiment amoureux afin de se complaire dans les tourments de leur moi et la jouissance de leurs émois, F. Wolff se livre à un exercice de pensée argumentative passionnant de bout en bout. Plus sans doute que la plupart des objets de réflexion, l'amour se prête à ce qui guide sa pratique philosophique depuis, adolescent, la lecture de Descartes et des *Méditations métaphysiques* : la rencontre de la vérité d'une expérience

24 F. Wolff, *Il n'y a pas d'amour parfait*, Paris, Fayard, 2016, p. 70.

singulière et la puissance d'une démonstration universelle, contribuant ainsi à mettre un peu de raison dans notre expérience du monde.

S'interroger sur l'amour, c'est d'abord se demander s'il peut être défini. Ne serait-il pas un sentiment essentiellement variable, anthropologiquement et historiquement ? Bien que l'époque soit rétive à définir, F. Wolff se propose de saisir, sinon une essence intangible, du moins une musique de fond. Tâche exigeante tant l'idée est répandue que « le vague du concept ajoute au charme de la chose[25] », et aussi parce que l'amour se dit en plusieurs sens. Que l'on songe à la fréquente tripartition entre *philia*, *eros et agapè*, soit amitié, désir et amour du prochain, dont on peut se demander s'ils relèvent d'une catégorie commune. Définir l'amour, nous dit l'auteur, « c'est formuler ce qu'il est, *lui*, et qui le *distingue* de tout ce qui n'est pas lui[26] », c'est rechercher la clarté de l'idée et non la beauté de l'apophtegme, tel celui que popularisa Lacan : « Aimer, c'est donner ce qu'on n'a pas à quelqu'un qui n'en veut pas ». Dans une perspective définitionnelle, est-il heuristique de déterminer à quel genre appartient l'amour ? On pourrait le penser en se plaçant, une fois encore, sous la tutelle d'Aristote. Mais, chez ce dernier, la définition implique la connaissance du genre dont il est question. Or, en l'espèce, on ne sait pas à quel genre appartient l'amour. Cette méthode, parfaite pour exposer une définition connue, ne vaut donc guère pour une définition inconnue. Faute donc de pouvoir ainsi identifier le genre d'être dont relève l'amour, est-on capable de déterminer ses conditions nécessaires et suffisantes ? F. Wolff montre que ni la définition *conative* de l'amour, par les actions qu'il nous fait faire[27], ni sa définition *affective*, par les sentiments qu'il nous fait éprouver, n'évitent de laisser « échapper des cas d'amour indiscutables au sens le plus étroit, l'amour de l'amoureux[28] ». Les conditions que posent ces définitions ne sont donc ni nécessaires ni suffisantes. Faut-il alors chercher un point d'appui solide dans la notion de *prototype* ? On sait qu'en parlant d'« air de famille », Wittgenstein décrit des individus qui n'ont peut-être aucun caractère commun, mais

25 *Ibid.*, p. 17.

26 *Ibid.*

27 Selon la distinction établie par Elizabeth Anscombe, il existe deux types d'états mentaux : les états *cognitifs*, dont la fonction est de s'ajuster au monde, c'est-à-dire de le décrire tel qu'il est, et les états *conatifs*, qui vont du monde vers l'esprit : c'est le monde qui doit se conformer à eux.

28 F. Wolff, *Il n'y a pas d'amour parfait*, *op. cit.*, p. 21.

qui semblent tous apparentés[29]. Ne peut-on pas, s'interroge l'auteur, dire de même que « les différentes amours des amoureux sont plus ou moins apparentées, sans avoir rien de commun entre elles[30] » ? Cette théorie de la référence est, selon F. Wolff, indirectement confirmée par les travaux de psychologie cognitive sur la catégorisation naturelle d'Eleanor Rosch[31]. Nous ne catégorisons pas les choses en procédant « par leurs bords », mais par le centre prototypique d'une notion, « lequel rassemble le plus de traits caractéristiques selon l'usage que nous en faisons dans la langue naturelle[32] ». Dès lors, si un trait vient à manquer, la définition du concept n'est pas invalidée. On pourrait ainsi, à propos de l'amour, énumérer ce qui le caractérise comme prototype et rendre compte de toutes les amours possibles, « à proportion de leur éloignement du centre de la cible[33] ». On en déduirait que l'amour serait « le désir de faire du bien à l'aimé et la joie éprouvée en sa présence, tout en admettant qu'il y a des cas où l'une de ces conditions [...] ne serait pas remplie[34] ». Et pourtant, malgré l'apparente cohérence de ce type d'approche, F. Wolff lui oppose un inconvénient rédhibitoire : il se rencontre bien des cas où aucune des deux conditions mentionnées n'est présente, et où pourtant il nous semble bien qu'il y a amour. Qu'on pense seulement aux grands amoureux jaloux, tels Atalide dans *Bajazet* ou Othello. Ainsi, si la méthode par conditions nécessaires et suffisantes est trop exigeante, celle par prototype est trop indulgente : « Les bords sont indistincts[35] ». Il nous faut donc revenir aux composantes de l'amour précédemment énoncées : amitié, désir et passion. Aucune d'entre elles ne peut assumer

29 Dans *Recherches philosophiques*, Wittgenstein note qu'entre les individus réunis sur une photo de famille, il n'y a peut-être aucun caractère commun, même si l'un ressemble fortement par tel trait à un autre, qui, lui, ressemble à un troisième par un autre trait, le même que celui par lequel il ressemble un peu moins à un quatrième. Pourtant, ils semblent tous apparentés : « C'est de cette façon-là que les différentes ressemblances existant entre les membres d'une même famille (taille, traits du visage, couleur des yeux, démarche, tempérament, etc.) se chevauchent et s'entrecroisent », L. Wittgenstein, *Recherches philosophiques*, § 67, Gallimard, 2004.

30 F. Wolff, *Il n'y a pas d'amour parfait*, *op. cit.*, p. 23.

31 Eleanor Rosch, « Natural Categories », *Cognitive Psychology*, n° 4, 1973, p. 328-350. Pour E. Rosch, l'existence de *catégories naturelles* est d'origine neurophysiologique. Elle défend ainsi une conception universaliste et naturalisante des catégories perceptives.

32 F. Wolff, *Il n'y a pas d'amour parfait*, *op. cit.*, p. 24.

33 *Ibid.*, p. 25.

34 *Ibid.*, p. 26.

35 *Ibid.*, p. 28.

la fonction de prototype, mais elles constituent à la fois des bornes *externes*[36] au concept et des tendances *internes*[37], que F. Wolff nomme l'*amical*, le *désirant* et le *passionnel*, afin de les distinguer des bornes externes homonymes : « L'amour a une dimension amicale ou désirante mais amitié et désir demeurent des bornes externes à l'amour[38] ». Quant à la passion, il faut qu'elle « se colore d'amitié ou de désir pour qu'on parle d'amour[39] » : elle en est également une borne externe. La conclusion de l'auteur est donc que « l'amour se distingue, et même s'oppose, affectivement ou conativement, à chacune des trois composantes prises à part mais résulte pourtant de la fusion de ces tendances[40] ». L'amour est donc un triangle avec trois bornes externes auxquelles correspondent trois tendances internes. Dès lors, l'amour conceptuellement complet est « la somme algébrique des trois tendances[41] ». En outre, on est en mesure de rendre compte de la variabilité infinie des formes d'amour en l'expliquant « par la variabilité quantitative et qualitative des trois composantes[42] ». Enfin, on peut dessiner les frontières de la carte : les amours défectives, soit « l'amour sans amitié, ou sans passion, ou sans désir[43] ». D'où la très convaincante définition proposée par F. Wolff :

> L'amour est la fusion instable, en proportion variable, d'au moins deux des trois tendances centrifuges, l'amicale, la désirante, la passionnelle[44].

Cette définition, autorisant « une variation infinie des amours singulières, répond ainsi à l'objection nominaliste[45] ». Mais elle a bien d'autres mérites. Tout en présentant les vertus de la méthode par prototype (« un concept est plus ou moins instancié selon qu'il réunit plus ou moins de caractéristiques[46] »), elle permet, comme la méthode par

36 « S'il y a du passionnel dans l'amour, la passion n'est pas l'amour, elle en est une borne externe », *Ibid.*, p. 37.
37 F. Wolff parle de tendances internes parce qu'aucune de ces caractéristiques ne peut jouer le rôle de genre dont l'amour serait une espèce.
38 F. Wolff, *Il n'y a pas d'amour parfait*, *op. cit.*, p. 35.
39 *Ibid.*, p. 37.
40 *Ibid.*
41 *Ibid.*, p. 38.
42 *Ibid.*
43 *Ibid.*, p. 41.
44 *Ibid.*, p. 47.
45 *Ibid.*
46 *Ibid.*

conditions nécessaires et suffisantes, de délimiter clairement ce qui est amour et ce qui ne l'est pas :

> Tout point hors de la carte du Tendre ou confondu avec un de ses sommets[47].

Il n'en reste pas moins que ces composantes, amitié, désir, passion, sont ontologiquement hétérogènes. Cela signifie qu'elles ne peuvent jamais complètement fusionner (à la différence de l'omelette, comme le note avec humour F. Wolff), ce qui explique l'instabilité de l'amour. Rien de surprenant : « L'amitié est une *relation*, la passion, un *état*, le désir, une *disposition*[48] ». Et ces composantes n'ont pas même provenance : l'amitié vient du monde de la socialité humaine, dont elle est la réalisation affective élémentaire ; la passion vient du monde des émotions, elle est l'affect sous sa forme obsédante, trop humaine ; le désir est lointainement issu du monde des besoins naturels (l'accouplement) dont il est l'expression proprement humaine. En d'autres termes, l'amour contient les trois dimensions essentielles de l'homme : être vivant (désir), agent (passion), être social (amitié). Cette thématique n'est pas seulement une excursion sur un sentier de traverse. Elle contribue puissamment à éclairer la démarche de F. Wolff, occupé à dire de quoi le monde est fait, tout en proposant une anthropologie générale, que beaucoup de nos contemporains, y compris parmi les anthropologues, se refusent à envisager, faute de croire à l'existence de son objet[49]. Cet objet, l'homme, livre après livre, F. Wolff en a dessiné les contours. Et, ainsi qu'il l'écrivait en 2000, « c'est à l'éthique – ou à la politique – de dire, et partant de faire être, la nature de l'homme[50] ».

47 *Ibid.*, p. 48.

48 *Ibid.*, p. 60.

49 Comme l'écrivait Dan Sperber, « si l'anthropologie est l'étude de la spécificité générique de l'homme, il faut bien admettre que les anthropologues sont des gens bizarres. Ils ont en effet consacré un demi-siècle à tenter de montrer que leur discipline n'avait pas d'objet » ; voir « Contre certains a priori anthropologiques » in E. Morin et M. Piatelli-Palmarini (dir.), *L'unité de l'homme*, Seuil, 1974, p. 491.

50 F. Wolff, *Penser avec les Anciens*, *op. cit.*, p. 107.

L'HOMME A-T-IL UNE NATURE ?

Dans *Notre humanité*, F. Wolff définit l'homme notamment par sa capacité à produire des énoncés scientifiques, et il ne manifeste bien évidemment aucune réserve quant à la valeur de la science. En revanche, il est sceptique quant à la tentative de naturalisation portée par les neurosciences. Cette tentative n'est d'ailleurs pas réellement examinée quant à sa validité explicative puisque, rappelons-le, l'ensemble constitué par la définition de l'homme au principe des neurosciences et ses conséquences est décrit comme une *figure*[51]. Il faut nous arrêter un instant sur ce qu'implique l'usage de ce concept et examiner ses prolongements.

FIGURES

F. Wolff privilégie quatre conceptions de l'homme qui sont à l'origine de quatre révolutions scientifiques et dont les conséquences éthiques et politiques furent tout aussi déterminantes. Le fameux « animal rationnel » d'Aristote permet le premier regard scientifique sur la nature, notamment la classification rationnelle des vivants ; mais, remarque-t-il, ce même « animal rationnel » est aussi derrière l'esclavagisme et la domination des femmes. L'homme de Descartes, « étroite union d'une âme et d'un corps » est à l'origine de toute la physique moderne, qui oppose la nature, réductible à des corps mobiles (purs objets mathématiquement connaissables) et l'esprit, réductible à une pensée immatérielle (pur sujet de connaissance). Mais cette même conception permet aussi la réduction de toutes les formes de vie à des corps sans valeur à la disposition indéfinie de l'homme. Depuis plus de deux siècles, au contraire, les conceptions dominantes de l'homme sont celles qui en font un objet de science. Jusqu'à la fin du siècle dernier, c'était l'homme des sciences

51 Retenons la définition qu'il en donne dans l'introduction, significativement intitulée, « Penser par figures » de *Penser avec les Anciens* : « Nous entendons par figures philosophiques des *schémas stables et anhistoriques de solutions symétriques, parallèles ou opposées, à des problèmes philosophiques inscrits dans l'histoire* » (p. 10 ; les italiques sont de F. Wolff). Nous avons donc affaire à des modes de pensée qui, bien qu'inscrits dans l'histoire, semblent lui échapper. Façon de dire que si tout est inscrit dans l'histoire, ce qui compte vraiment pour le philosophe est ce qui lui échappe.

humaines et sociales : un « sujet assujetti » au poids des structures, à des conditions sociales, à des désirs inconscients, à une culture, etc. Cette représentation de l'homme a permis le formidable développement de la psychologie, de la psychanalyse, de la sociologie, de l'anthropologie culturelle, etc. Mais ce même homme, éclaté et illusionné sur lui-même, est incompatible avec l'individu des sociétés démocratiques, responsable de ce qu'il dit, de ce qu'il pense et de ce qu'il fait. Depuis une trentaine d'années, un nouveau naturalisme substitue à cet « homme structural » un « l'homme neuronal », celui des neurosciences ou de la biologie de l'évolution : c'est un « animal comme les autres », déterminé par ses gènes et dépendant des performances de son cerveau.

Il convient ici de prendre le temps de la réflexion car l'usage du concept de *figure* est source de possibles mésinterprétations. On pourrait en effet lire F. Wolff dans une perspective foucaldienne, la pluralité historique (les quatre figures) paraissant invalider le projet anthropologique. Ce serait une erreur majeure. Alors que, chez Foucault, l'homme n'a aucune réalité substantielle, F. Wolff, dans une filiation kantienne écrit : « De la réponse à la question "Qu'est-ce que l'homme ?", dépend peut-être tout ce que nous pouvons connaître et tout ce que nous devons faire[52] ». Ne faudrait-il pas admettre alors qu'en tant qu'êtres humains, nous serions dépendants d'un certain nombre de structures intellectuelles possibles ? Autrement dit, nous disposerions d'un ensemble limité d'hypothèses admissibles sur lesquelles reposeraient la recherche scientifique et les performances cognitives en général. C'est, notamment, ce qu'exprime Jean Gayon dans un livre posthume (écrit avec Victor Petit) :

> Je suis profondément convaincu que nous sommes des êtres limités, par nos capacités cognitives, mais aussi par les contextes historiques dans lesquels nous sommes placés[53].

On peut ainsi défendre l'idée que ce que nous sommes exerce très vraisemblablement une contrainte sur ce que nous devrions vouloir. Selon la célèbre formule « devoir implique pouvoir », il serait déraisonnable de définir la moralité indépendamment de ce que nous sommes effectivement capables de faire (Owen Flanagan parle du « principe de

52 F. Wolff, *Notre humanité*, *op. cit.* p. 9.

53 Jean Gayon (avec Victor Petit), *La connaissance de la vie aujourd'hui*, Paris, Iste éditions, 2018, p. 91.

réalisme psychologique minimal »). Nous ne pouvons souhaiter que se maintiennent des structures de pouvoir coercitives si ce qui compte est de permettre le développement humain dans sa plus riche diversité, pour parler comme John Stuart Mill. F. Wolff accorde, à n'en pas douter, une place importante à la question de la vie bonne, question éthique par excellence, comme l'ont montré les penseurs grecs, à la source de sa pensée. Plus globalement, il semble fortement nuancer la dichotomie classique en philosophie politique et morale entre le juste et le bien.

Dès lors, même si aucune *figure* n'est absolument vraie, chacune « porte en elle des prétentions à la validité qui excèdent, en leur rationalité, le cadre de la stricte contingence historique[54] ». Aussi F. Wolff préserve-t-il la possibilité de la vérité, entendue comme « certitude rationnellement justifiée[55] ». Contrairement à Foucault[56], il affirme la pérennité de l'homme, idée qui se concrétisera dans les ouvrages suivants, notamment *Plaidoyer pour l'universel* dans lequel s'exprime un humanisme universaliste, en écho à la conclusion de *Notre humanité* :

> Aucune leçon relativiste ne peut être tirée du fait que l'universalisme n'est pas universellement revendiqué ou que l'humanisme n'est jamais le fait de toute l'humanité. Non, l'universel n'est pas une invention ethnocentriste[57].

Chez lui, la rationalité doit être comprise dans sa prétention à la validité et jamais, ainsi que ne cessent de l'affirmer les déconstructionnistes, comme le résultat d'une lutte de pouvoir. Bref, ainsi qu'il le rappelle, « c'est bien le transcendantal qui mène en fait la danse de l'histoire[58] ». Néanmoins, et nous répétons ici l'objection d'Étienne Bimbenet, « comment concilier l'idée que notre humanité se dit en

---

54 Étienne Bimbenet, « Les grands arguments d'Aristote et de Descartes. Francis Wolff sur notre humanité » *in* Juliette Lemaire et Julie Giovacchini (dir.), *op. cit.*, 2019, p. 334.

55 F. Wolff, *Notre humanité*, *op. cit.*, p. 16.

56 Les rapports de Foucault à la question de la vérité ont fait l'objet d'un article de F. Wolff, « Foucault, l'ordre du discours et la vérité », *Cahiers philosophiques*, n° 83, juin 2000, p. 7-32. Il y distingue deux concepts de vérité chez Foucault, distinction qui l'autorise à écarter fermement le soupçon de relativisme. Nous persistons néanmoins à penser qu'en soumettant l'épistémologie à la généalogie, Foucault nie la part d'autonomie de la science par rapport à la culture. Il n'est, bien entendu, pas question d'ignorer les conditions sociales qui rendent possible et déterminent la recherche, mais il nous semble que M. Foucault ne défend pas aussi clairement que nécessaire la rationalité des procédures de la science.

57 F. Wolff, *Notre humanité*, *op. cit.*, p. 370.

58 F. Wolff, *Dire le monde*, *op. cit.*, 2020, p. 540.

plusieurs sens, irréductiblement distincts, avec celle d'une anthropologie philosophique digne de ce nom, prétendant réduire l'équivocité du nom d'homme et l'enrôler sous une signification ultime[59] ? ». Question d'autant plus pertinente que la réduction de l'équivocité, dont parle É. Bimbenet, est bien le projet de *Plaidoyer pour l'universel*. Il n'est pas exclu que la pensée de F. Wolff ait significativement évolué entre les deux ouvrages (soit, rappelons-le, entre 2010 et 2019). En effet, dans le premier, la perspective est bien de dégager le *propre* de l'homme. Certes, il ne saurait être fondé sur une *nature*, comme cela est posé dès le début de l'ouvrage[60]. Mais les conclusions du philosophe sont sans ambiguïté : l'homme est capable d'un certain type de connaissance unique, la science, qui obéit à des procédures universalisables ; et il est aussi le seul animal capable d'action morale, par laquelle il peut obéir à des valeurs universelles. Cela fait de lui le seul « animal » capable d'atteindre trois degrés de rationalité : d'abord la vérité du jugement ou la rectitude de la volonté ; puis la justification des jugements par des raisons ou celle des volontés par des valeurs ; et enfin l'universalité des procédures pour établir les connaissances ou pour garantir la valeur des actions. Nous sommes déjà dans la recherche d'une *définition*, projet explicite de *Plaidoyer pour l'universel*. En d'autres termes, il existe une spécificité humaine et celle-ci est fortement affirmée contre toutes les occurrences de l'antispécisme. Dès lors, faut-il voir les quatre figures comme irréductibles ? Non, à l'évidence, si le dernier mot revient à la philosophie : dans la mesure où aucune science ne saurait dire ce qu'est l'homme, c'est à elle de passer au crible les savoirs contemporains[61]. Ni l'approche structurale, ni l'approche neuronale ne peuvent être conclusives, c'est-à-dire synthétiques, puisque, en fin de compte, l'enquête empirique est dépendante du parti-pris définitionnel. Les conclusions de la science sont ainsi préemptées par un choix philosophique ou, plus précisément, méthodologique : celui du *continuisme* (l'homme est perçu comme un animal *comme les autres*) ou du *discontinuisme* (l'homme est une exception et les phénomènes humains doivent être étudiés en tant que tels, c'est-à-dire en tant qu'ils ne sont pas naturels, ce qui, soulignons-le,

59 É. Bimbenet, « Les grands arguments d'Aristote et de Descartes. Francis Wolff sur notre humanité », art. cité, p. 336.

60 F. Wolff, *Dire le monde*, *op. cit.*, 2010, p. 22.

61 *Ibid.*, p. 357.

ne signifie pas qu'ils ne le sont pas). Dès lors, « aucune science ne peut démontrer comme des vérités les conditions qui rendent possible sa scientificité, et notamment le prisme qui détermine son champ d'objets possibles[62] ». Ce primat de la philosophie doit-il être interprété, comme le suggère É. Bimbenet, comme « un axe de résistance précieux à l'égard du naturalisme contemporain[63] » ? Rien n'est moins sûr : cela dépend là aussi du sens donné à *naturalisme*.

NATURE DU NATURALISME

Du point de vue ontologique, à la question de savoir ce qu'il y a dans le monde, le naturalisme répond *des choses naturelles*. Daniel Andler en a récemment rappelé l'énoncé fondamental : « La nature embrasse tout ce qui existe[64] ». Précisons :

> Tous les effets et toutes les causes, qu'on les décrive en termes physiques, chimiques, biologiques, psychologiques ou sociologiques, sont des effets et des causes naturels[65].

Penser autrement, ce serait croire à l'existence d'une force ou d'un agent qui se tiendrait au-dessus (ou au-delà) du monde naturel. Ce n'est certainement pas ce naturalisme que conteste É. Bimbenet (ni, *a fortiori*, F. Wolff). C'est le naturalisme explicatif qui est ici visé, c'est-à-dire la thèse selon laquelle il conviendrait d'expliquer les phénomènes humains et sociaux « dans les mêmes termes que ceux dans lesquels on explique les phénomènes naturels, c'est-à-dire en termes de lois causales du type de celles que l'on trouve en physique, en biologie et en neurosciences[66] ». S'agirait-il alors d'un affrontement entre explication (réservée aux sciences expérimentales) et compréhension (adaptée aux sciences de l'homme et de la société) ? Si nous faisons de la compréhension un moment de l'explication, cette dernière étant toujours vers ce quoi tendent toutes les sciences, l'opposition pourrait alors être entre un critère ontologique

62 F. Wolff, « Résister à la réduction. Entretien avec Franck Renucci », art. cité, p. 178.

63 É. Bimbenet, « Les grands arguments d'Aristote et de Descartes. Francis Wolff sur notre humanité » art. cité, p. 337.

64 Daniel Andler, *La silhouette de l'humain. Quelle place pour le naturalisme dans le monde d'aujourd'hui ?*, Paris, Gallimard, 2016, p. 12.

65 Dan Sperber, « Réponse à Gérard Lenclud, *Communications*, 66, 1998, p. 185.

66 P. Engel, « Le naturalisme sans la nature ? », *Le Débat*, n° 152, novembre-décembre 2008, p. 123.

causal (là où des lois sont envisageables) et un critère *explicatif* qui équivaudrait à maintenir la différence de statut. Mais, en réalité, cette dichotomie ne recouvre pas celle des domaines scientifiques. En effet, le critère causal n'est pas requis dans de nombreux domaines : les affirmations des mathématiques, mais aussi les généralisations empiriques et les lois des sciences physiques n'y résistent pas. Or, précisément, ces généralisations et ces lois, qui ne *causent* aucune de nos expériences, peuvent nous aider à *expliquer* pourquoi nous avons les expériences que nous avons. L'accent que met le critère causal sur le lien entre la connaissance et l'expérience, s'il nous est précieux, est parfaitement pris en compte dès lors que nous sommes en mesure d'établir un lien *explicatif* entre la vérité de nos croyances et nos expériences. Si cette stratégie est la bonne, on en déduira que nous sommes face à des différences, entre ces types d'explication, plus de degré que de nature. Il n'y aurait donc plus de divergence ontologique fondamentale entre les domaines du réel et rien, par conséquent, ne s'opposerait à une posture naturaliste, quel que soit le champ étudié. C'est pourquoi nous ne pensons pas pouvoir interpréter la position de F. Wolff comme « un axe de résistance » à l'égard du naturalisme. Néanmoins, reconnaissons-le, il y a, dans celle-ci, une méfiance certaine quant aux vertus de la naturalisation. Elle est induite par l'idée, plusieurs fois affirmée, que « les concepts ne peuvent pas traverser indemnes les disciplines ou les paradigmes scientifiques, puisque ce sont eux qui leur donnent sens et valeur[67] ». En conséquence, naturaliser (la morale, la culture, etc.) permet d'atteindre un certain plan d'intelligibilité, et refuser de le faire permet d'en gagner un autre (voir *Notre humanité* et l'usage du concept de *figure*). C'est à l'aune de cet axiome épistémologique fondamental que doit être comprise la position de F. Wolff quant à la question de la réduction que nous avons évoquée plus haut. Il semble néanmoins nécessaire d'affiner l'analyse en se demandant, compte tenu de la portée qu'il accorde au « Je » dans le champ de l'éthique, quelle est la position de F. Wolff à propos des « faits » moraux. Défend-il à leur sujet, comme nous pourrions être tentés de le croire, une thèse subjectiviste ? Non, car le « Je » qui lui importe n'est pas celui qui juge de la moralité d'une action, mais celui sans lequel il n'y aurait pas d'action. En outre, s'il ne reconnaît pas la légitimité du concept de « fait moral » (il n'y a rien de strictement

67 F. Wolff, « Résister à la réduction. Entretien avec Franck Renucci », art. cité, p. 179.

factuel dans la moralité : la justice peut être définie et permettre une évaluation normative des *actes* moraux sans qu'il y ait jamais le moindre acte juste), il considère que les réalités morales sont indépendantes de nos désirs et peuvent être objets de connaissance. Son approche est donc parfaitement objectiviste.

Ces réalités sont-elles susceptibles d'être étudiées par les sciences empiriques ? Sans doute, mais F. Wolff doute que de l'étude de leurs propriétés il soit possible de déduire ce qui vaut et ce que nous devrions faire. Il souscrit très probablement à l'objection de George Moore, connue sous le nom d'*argument de la question ouverte*, selon laquelle dans l'énoncé « Toutes les actions qui minimisent la douleur sont bonnes », les prédicats moraux (tels que « bon ») n'ont pas de synonymes naturels (tels que « minimise la douleur »). Il est dès lors sensible, d'une part, à l'argument dit de la Terre-Jumelle[68], avancé par H. Putnam, selon lequel les termes moraux ne réfèrent pas à des propriétés naturelles de manière directe et, d'autre part, à ce que l'on nomme *l'autorité de la morale*, c'est-à-dire la difficulté pour de simples faits naturels d'engendrer des raisons qui soient à la fois *catégoriques* et réelles. Or les faits qu'étudient les sciences empiriques ne possèdent pas ces caractéristiques. Il y aurait une différence ontologique profonde entre les sciences empiriques et le monde moral. C'est cette différence qui est à l'origine de l'idée, fortement défendue par W. O. Quine, que l'éthique est vouée à une théorie de la vérité-cohérence (là où la science peut prétendre à une théorie de la vérité-correspondance). L'absence de convergence de nos réactions morales serait due à l'inexistence d'une contrainte externe à l'esprit humain et donc à la variabilité de notre psychologie et de nos conventions. On a ainsi pu évoquer la contestabilité essentielle des *explananda* en éthique : « Contrairement à ce qui se produit pour les espèces naturelles comme de l'eau ou de l'or, on n'y trouve aucune "stabilité référentielle", qui nous permettrait d'isoler une base observationnelle douée d'une neutralité théorique suffisante pour nous aider à surmonter les obstacles d'incommensurabilité, présents même en science[69] ». Mais les prédicats moraux peuvent être dénués de synonymes naturels et faire

68 Nous ne pouvons ici l'examiner en détail. H. Putnam veut montrer que la signification des mots n'est pas dans le cerveau : elle dépend de l'environnement de celui qui les prononce.

69 Stélios Virvidakis, *La robustesse du bien. Essais sur le réalisme moral*, Nîmes, Éditions Jacqueline Chambon, 1996, p. 104.

néanmoins l'objet d'une science empirique spécifique. Cette dernière reconnaîtrait le pouvoir explicatif des propriétés morales indépendant de celui des propriétés naturelles qui le constituent (la statue est faite d'argile, mais elle n'est pas identique à l'argile : si la statue se brise, l'argile continue d'exister). Dans cette perspective, il n'y aurait pas de divergence ontologique fondamentale entre le monde de la science et celui de la morale. C'est la thèse que défend l'école réaliste de Cornell[70]. Parmi les auteurs de ce courant de pensée, Geoffrey Sayre-McCord[71] défend une stratégie consistant à affaiblir la notion d'explication scientifique afin de montrer que l'on exige sans doute trop en matière d'explication morale. Si cette stratégie est la bonne, on en déduira que les différences entre ces types d'explication sont plus de degré que de nature et qu'il est, par conséquent, infondé de conclure que les jugements moraux ne peuvent être expliqués et sont sans référence réaliste. Il serait donc nécessaire de distinguer, comme nous l'avons vu plus haut, un critère ontologique *causal* et un critère *explicatif*. On pourrait donc défendre un réalisme naturaliste sans avoir besoin d'un réalisme moral causal. Nous soumettons cette objection à F. Wolff. En définitive, nous ne considérons pas que le naturalisme soit, par essence (osons le dire), corrélé à un projet de dissolution de la liberté de l'homme[72]. Dès l'instant où son programme est de concilier, d'une part, la constitution naturelle de l'humain et, d'autre part, l'intentionnalité individuelle, il devient, selon la suggestive expression de John McDowell, un « naturalisme de la seconde nature[73] ». Il s'accommode alors volontiers des apports de la phénoménologie, lorsque celle-ci tient compte, dans sa volonté de

70 Cette école de pensée (dont les noms les plus connus sont Nicholas Sturgeon et David Brink, lesquels enseignaient à l'université Cornell à Ithaca) considère qu'il existe des *faits* moraux indépendants de l'esprit. Ces faits sont naturels et ils surviennent sur d'autres faits naturels non moraux. Notons cependant qu'il est possible de reconnaître l'existence de faits moraux dans une perspective non naturaliste. C'est la voie explorée par Charles Larmore : « Ce n'est ni par la perception ordinaire ni par une faculté mystérieuse d'"intuition" qu'on découvre des faits moraux, mais par la *réflexion*, parce que ces faits consistent en l'existence d'une certaine sorte de *raisons* d'action », « L'autonomie de la morale », *Philosophiques*, vol. 24, n° 2, automne 1997, p. 324.

71 Geoffrey Sayre-McCord, (1988), « La théorie morale et l'absence de pouvoir explicatif » *in* Ruwen Ogien (dir.), *Le réalisme moral*, Paris, PUF., 1999, p. 205-246.

72 F. Wolff est en désaccord avec ce jugement. Pour lui, le naturalisme a nécessairement pour objet de nous délivrer des illusions de la conscience. Mais cette finalité est-elle incompatible avec la liberté ? Ce n'est pas ce que pense Spinoza.

73 John McDowell, *L'Esprit et le Monde* (1994), Paris, Vrin, 2007, p. 120.

décrire et comprendre la différence anthropologique, des acquis de la biologie de l'évolution. À travers l'indispensable dialogue entre sciences humaines et sciences biologiques, il est dès lors possible, comme le montre Étienne Bimbenet, de dresser le tableau d'une « vie décentrée à l'égard d'elle-même en direction d'autrui, déportée loin d'elle-même par l'efficace hominisante de la culture ; une vie sous le signe du *monde commun*[74] ». Mais, quoi que pense F. Wolff de notre objection, elle reste tout à fait secondaire à l'aune du projet anthropo-politique au cœur de la réflexion du philosophe, tout particulièrement dans ses trois derniers ouvrages, *Notre humanité*, *Trois utopies contemporaines* et *Plaidoyer pour l'universel* dans lesquels il s'efforce de rendre aux idées universalistes leur puissance mobilisatrice.

NATURE HUMAINE ?

F. Wolff cherche à surmonter le dilemme entre *nature humaine* (qui suppose une essence intemporelle) et *condition humaine* (qui insiste sur l'historicité). Sans doute faut-il, en effet, échapper à ces controverses. Néanmoins, parler de *nature humaine* est-ce *nécessairement* ignorer le rôle de l'histoire ? Si l'on ne peut négliger le fait que les caractères distinctifs d'une espèce font l'objet d'un programme inscrit dans un génome, ce dernier, dans l'espèce humaine, définit un ensemble de virtualités en attente d'*effectuations*[75]. Ce qui signifie que l'homme n'est pas stricte programmation, que dès lors la liberté ne se confond pas avec la nécessité (point sur lequel insiste F. Wolff). Tout donne à penser que nos représentations se construisent à la fois sur une base innée et au cours du développement. Dès lors, parler de nature humaine ne revient pas à oublier que le destin de notre espèce est d'avoir pour mode d'existence la culture et l'histoire. Faut-il préciser, comme le faisaient déjà Jacques Mehler et Emmanuel Dupoux en 1990 dans un livre pionnier (du moins en langue française), que « plaider en faveur de la notion de nature humaine et mettre en évidence les caractères du prototype

74 Étienne Bimbenet, *Le complexe des trois singes. Essai sur l'animalité humaine*, Paris, Seuil, 2017, p. 34-35.

75 Comme le remarque Jean Baechler, dès lors que « les programmes sont virtuels, il faut envisager et apprécier les risques que les actualisations tournent mal » et il ajoute : « Si les risques étaient nuls, il y aurait programmation actuelle et l'humanité n'aurait pas d'histoire », « Naturalité, universalité, objectivité », *Revue du MAUSS*, n° 19, 2002/1, p. 58.

humain ne signifie pas [...] condamner toute psychologie soucieuse des différences[76] » ?. Ce n'est donc pas « appauvrir l'homme et réduire les individus à une épure desséchée et ennuyeuse. C'est plutôt se donner les moyens de déterminer enfin ce que nous sommes[77] ». Contrairement à une opinion répandue, la notion de nature humaine doit être fortement distinguée d'une conception de l'humain « comme un ensemble de facultés psychologiques innées, inscrites dans le marbre du génome humain[78] ». L'innéité n'implique nullement cette inscription « dans le marbre du génome humain », comme si elle traçait un destin mécaniquement nécessaire. On ne doit, en effet, pas confondre *inné* et *présent dès la naissance* : ce qui est inné est une disposition intrinsèque de l'individu dont la base est présente dès la naissance, bien que l'actualisation de cette disposition puisse être tardive, comme dans le cas paradigmatique du langage[79]. Dès lors, rendre compte de la part des gènes, ce n'est pas réduire l'homme à un programme biologique. De même, construire les bases d'une génétique du comportement, ce n'est pas négliger l'importance de l'environnement. La recherche contemporaine insiste en effet fortement sur le rôle crucial de l'épigénétique, éloignant ainsi les sciences du comportement de tout déterminisme sommaire. Si l'homme était stricte programmation, autrement dit si la liberté se confondait avec la nécessité, nous n'aurions pas le choix de nos actions (si A, alors B), alors qu'un état A peut aboutir à B ou C ou D... Tout donne à penser que nos représentations se construisent à la fois sur une base innée et au cours du développement[80].

Dès lors, l'idée selon laquelle la libération de l'humanité en l'homme implique l'arrachement à toute naturalisation, l'homme n'étant rien par nature, peut être discutée. S'il existe bien des structures naturelles de l'humain, ne doit-on pas les considérer comme déterminant le champ

---

76 Jacques Mehler et Emmanuel Dupoux, *Naître humain*, Paris, Odile Jacob, 1990, p. 251.

77 *Ibid.*, p. 253.

78 É. Bimbenet, *Le complexe des trois singes. Essai sur l'animalité humaine*, *op. cit.*, p. 171.

79 Comme le remarque Jean Baechler, dès lors que « les programmes sont virtuels, il faut envisager et apprécier les risques que les actualisations tournent mal » et il ajoute : « Si les risques étaient nuls, il y aurait programmation actuelle et l'humanité n'aurait pas d'histoire », « Naturalité, universalité, objectivité », *Revue du MAUSS*, n° 19, 2002/1, p. 58.

80 De nombreux travaux de psychologie cognitive tendent à montrer que les humains sont prédisposés à l'apprentissage de certains types de noms (objets, personnes, animaux) dès les premiers stades du langage enfantin.

d'application de nos principes politiques ? Jusqu'à quel point un universalisme fondé sur l'interlocution entre sujets qui se reconnaissent comme égaux en droits du seul fait qu'ils se doivent les uns aux autres la justification de leurs règles peut-il éviter de rencontrer la question de la nature humaine ? F. Wolff, non parce qu'il méconnaîtrait la pertinence de cette question, ne cherche pas à *fonder* l'universalisme sur les structures naturelles de l'humain[81]. La raison de ce refus est classique en philosophie politique : la connaissance de ces structures étant en perpétuelle transformation, l'universalisme ne peut trouver en elle son origine[82]. La nature humaine « ne peut jamais être induite, empiriquement, ni de ce que font les hommes, de leur conduite, puisqu'elle doit pouvoir la régler, ni de ce que sont les hommes, de leur essence, puisqu'elle doit pouvoir la déterminer[83] ». Dès lors, elle doit être posée *a priori* :

> Telle est la force, ou l'équivoque, de ce concept de *nature*, ni être ni devoir être, puisqu'il exprime ce qu'un être est quand il est conforme à ce qu'il doit être, et ce qu'il a à être pour pouvoir être tel qu'il est réellement. Il est donc nécessaire de poser *a priori* que l'homme est bien quelque chose, *par nature*, sans quoi on ne pourrait pas savoir ce qu'il a à faire pour pouvoir être cette nature[84].

On soulignera ce que sous-entend pareille formulation : quelle vie l'homme doit-il mener pour qu'elle soit conforme à sa nature[85] ?

---

81 Mais il fait de la rationalité de l'homme une conséquence de son animalité, autrement dit la conséquence naturelle de son évolution et de son adaptation au milieu.

82 Je remercie Jean-Yves Pranchère pour nos éclairantes discussions sur cet aspect de la question.

83 F. Wolff, *Penser avec les Anciens*, *op. cit.*, p. 106.

84 *Ibid.*, p. 106-107. Nous pensons, avec J. Baechler, que l'idée de nature humaine implique qu'il ne peut être indifférent aux êtres humains de vivre dans un régime totalitaire ou dans une démocratie : « Le régime démocratique est le régime naturel de l'espèce humaine et, sous ce régime, les libertés sont des attributs analytiques des citoyens », art. cité, 2002, p 60.

85 Voir *supra*.

UN UNIVERSALISME PLURIEL

F. Wolff, dans sa vigoureuse défense de l'universalisme, n'use jamais du ton péremptoire, qui serait celui du manifeste, mais, au contraire, accorde une attention soutenue aux thèses de l'adversaire. Si le relativiste s'égare, il n'en est pas moins un concurrent redoutable. D'autant que l'universalisme peut être dévoyé et, ainsi, donner du grain à moudre à ceux qui ne voient en lui que le droit du plus fort. Comment éloigner le soupçon ?

En premier lieu, en rejetant l'idée, défendue notamment par Étienne Balibar, selon laquelle les conditions particulières de formulation de l'idéal universaliste limitent fortement sa portée. Cet argument, qui ne vaut pourtant pas pour les sciences (l'algèbre, remarque ironiquement F. Wolff, bien que né à Bagdad, n'est pas une science abbasside), serait valide pour les droits humains. Il existerait des « valeurs asiatiques » ou des « valeurs occidentales », et aucune traduction transculturelle ne serait envisageable. Il n'en est évidemment rien. Mais encore faut-il avoir de l'universalisme une conception fondée sur l'*appropriation*, laquelle souligne la part de réinvention de l'universel dans chaque situation particulière. C'est cette approche que l'on désigne, pour l'opposer à l'universalisme de surplomb ou encore abstrait, par les expressions d'universalisme pluriel ou inchoatif ou encore réitératif.

LA VALEUR DE L'ALTÉRITÉ

Cet universalisme-là peut être compris, même si F. Wolff ne s'en revendique pas explicitement, dans une perspective communautarienne, telle qu'elle s'exprime dans les œuvres, certes diverses, de Michael Walzer ou Will Kymlicka. Celles-ci illustrent la nécessité pour les sociétés libérales contemporaines de reconnaître la valeur de l'altérité. Néanmoins, F. Wolff est certainement plus proche du libéralisme rawlsien[86] pour des raisons qui tiennent plus à l'ontologie sociale qu'à

86 Même si Rawls est peu cité par F. Wolff (bien que la méthode rawlsienne joue un rôle déterminant dans la structure argumentative de *Plaidoyer pour l'universel*). L'une des raisons de cette relative occultation tient sans doute au fait que penser le politique avec Aristote et Kant permet de se passer de Rawls. Une autre serait une certaine réticence à

l'engagement strictement politique. En effet, si l'on n'y prend garde, la logique de reconnaissance des identités collectives conduit à faire de la différence culturelle une expression essentielle de l'identité individuelle. Ce processus d'essentialisation ne doit pas être confondu avec la volonté d'enrichir l'art de la conversation entre individus d'univers socio-culturels différents. Car la conversation transcende les frontières identitaires et elle remplit son rôle « en aidant simplement les êtres humains à s'habituer les uns aux autres[87] ». Elle permet ainsi une éthique de la coexistence, laquelle n'exige pas que nous nous comprenions mais seulement que nous nous entendions. Ce qui doit donc être poursuivi, ce n'est pas la préservation des « cultures » mais l'égalité civique. Aussi peut-on admettre de protéger une langue minoritaire pour des raisons politiques tenant à l'accomplissement de la citoyenneté. On n'est plus alors contraint de défendre une conception relativement substantielle de la notion de culture, laquelle, de surcroît, entre en tension avec les principes fondamentaux du libéralisme politique.

Ainsi, l'universaliste doit accepter une dimension relativiste : il admet l'humanité dans toute sa diversité. Mais il ne peut admettre, précisément parce qu'il défend les droits humains, n'importe quelle pratique culturelle. F. Wolff introduit une distinction, que nous croyons inusitée, entre défendre la *relativité culturelle* et défendre la *relativité des cultures*[88], distinction qui illustre ce qu'il nomme le *sophisme relativiste*[89]. Il n'a dès lors aucune difficulté à concilier la diversité empirique et l'universel anthropologique :

> L'universel ne se confond ni avec le global ni avec l'uniforme s'il est un universel formel de second niveau. Loin d'être la négation théorique et

---

admettre le primat rawlsien accordé aux institutions de base des sociétés démocratiques plutôt qu'aux individus.

87 Kwame Appiah (2006), *Pour un nouveau cosmopolitisme*, trad. fr., Paris, Odile Jacob, 2008, p. 134.

88 Que les représentations et les pratiques soient culturellement variables n'implique pas que chaque culture soit incommensurable à toute autre (voir *Plaidoyer pour l'universel*, p. 49-50).

89 Il en existe deux autres versions : celle qui consiste à passer de l'absence de valeurs effectivement communes à l'absence de valeurs universelles (en droit) et celle, plus préoccupante encore, consistant à passer de la variété des normes morales à la variabilité morale (en fait) (voir F. Wolff, *Plaidoyer pour l'universel*, *op. cit.*, p. 59-63). Peut-être faudrait-il se passer du terme de *valeur*, lequel contient une dimension subjectiviste et relativiste trompeuse et parler, ainsi que le suggère J. Baechler, de *fins* de l'homme (J. Baechler, art. cité, p. 63.)

> pratique des particularismes, il est alors la condition de leur diversité [...] comme la tolérance est celle de la coexistence des croyances, donc de leur existence même[90].

Il est donc fort différent, d'une part, de définir la culture comme un ensemble de représentations et de pratiques et, dès lors, de dégager des occurrences spécifiques, et, d'autre part, de l'appréhender comme une configuration irréductible à toute autre, dans la perspective de l'anthropologie culturaliste américaine. Dès l'instant où une culture est une totalité analysable en unique référence à elle-même, on ne peut guère échapper à la conséquence dommageable suivante : les individus de cultures différentes vivent dans des univers incommensurables. Cette conséquence remet en question l'idée de l'unité du genre humain. Aussi, paradoxalement, autorise-t-elle une théorisation raciste contre laquelle le relativisme culturel s'était constitué.

Il existe de bonnes raisons de penser que toute société distingue, comme tendent à le prouver les travaux d'Elliot Turiel, les émotions *sociales* et les émotions *morales*[91]. Les secondes s'incarnent parfaitement dans l'indignation, laquelle est « la preuve empirique la plus claire que nous sommes des animaux moraux[92] ». Elle est la marque de l'humain (nous ne pouvons imaginer des animaux indignés). Elle indique que nous appartenons à « une communauté éthique et sans limites dont tous les membres sont égaux[93] ». Encore faut-il que de cette communauté éthique nul être humain ne soit exclu.

L'argumentaire en faveur de la valeur intrinsèque de l'humanité doit affronter un contradicteur plus déterminé encore que le relativisme : le nihilisme, selon lequel il n'est pas de valeur suprême. Si la Modernité est confrontée, entre le XVe et le XVIIe siècle, à un choix douloureux entre théocentrisme et anthropocentrisme, le dilemme tragique du XVIIIe, entre humanisme et nihilisme, est plus intense encore. L'homme étant devenu la seule source de valeur, l'idée que rien au fond ne vaudrait trouve en effet, chez des philosophes importants, tels que Nietzsche, un considérable écho. Comment en sortir ?

---

90 F. Wolff, *Dire le monde*, *op. cit.*, 2020, p. 547.

91 Voir Larry P. Nucci et Elliot Turiel, « Le domaine moral et le domaine personnel », *in* Laurent Bègue, Laurent Bachler, Catherine Blatier et Nathalie Przygodzki-Lionet, *Psychologie du jugement moral. Textes fondamentaux et concepts*, Paris, Dunod, 2013, p. 171-195.

92 F. Wolff, *Plaidoyer pour l'universel*, *op. cit.*, p. 70.

93 *Ibid.*

Pour que triomphe l'humanisme, autrement dit pour que « homme ne soit pas un vain mot[94] », il faut que ses rivaux infrahumains (au XIXe siècle, les races, les classes) ou naturocentristes (au XXe, le biocentrisme, le zoocentrisme, l'écologisme) ne puissent apparaître comme d'authentiques sources de valeur. Il s'agit, par conséquent, ni plus ni moins que de fonder l'humanisme.

Puisqu'il n'existe aucun être supérieur (ni Dieu, ni la nature), peut-on le fonder sur l'humanité, c'est-à-dire fonder la valeur de celle-ci sur son être même ? La tâche est difficile. Depuis Hume, nous savons que l'on ne peut déduire une valeur d'une essence. La stratégie de F. Wolff emprunte à Aristote (« Ce qui vaut pour un être, c'est d'être parfaitement ce qu'il est ; ce qui vaut donc pour tout être humain, c'est d'être pleinement et éminemment humain[95] ») et à Kant (« Ce qui vaut absolument pour l'humanité vaut aussi en soi et absolument[96] »). Le recours au philosophe allemand est insuffisant car ce qui est visé n'est pas seulement un fondement de droit mais aussi, et surtout, un fondement de fait : la valeur intrinsèque de l'humanité ne doit pas seulement tenir à ce que devrait idéalement être et faire tout homme (universel de droit), mais à ce que sont les hommes et à ce qu'ils cherchent. Il s'agit donc de proposer une anthropodicée, soit une défense de la valeur intrinsèque de l'humanité en dépit des maux dont on l'accuse[97].

Aristote est ici précieux. Que recherche l'homme ? Son bien, qu'il convient de déduire de sa tâche propre, c'est-à-dire de ce qu'il fait, lui et non un autre, « de ce qu'il tend naturellement à faire[98] » (universel de fait). Il est donc nécessaire de définir l'homme[99] (et l'on connaît la réponse d'Aristote : un animal *rationnel*) pour savoir ce qu'est son bien. Mais n'est-ce pas fonder ce dernier sur l'être, puisque notre essence est également notre bien ? Cette pente naturaliste est inéluctable, mais elle ne nous semble guère dommageable : comment savoir ce qui est bien pour l'homme sans s'interroger sur sa nature[100] ? En revanche, comme le

94 *Ibid.*, p. 87.
95 *Ibid.*, p. 110.
96 *Ibid.*
97 *Ibid.*, note 1, p. 113.
98 *Ibid.*, p. 114.
99 Sur cette cruciale question de la définition de l'homme, nous renvoyons au dossier de la revue *Le Débat*, n° 180, mai-août 2014 et, tout particulièrement, à l'article de F. Wolff, « La question de l'homme aujourd'hui », p. 18-30.
100 On pourrait ici, tout en sachant que F. Wolff ne partage pas ce point de vue, établir un parallèle avec Spinoza. Ce dernier, en effet, tout en critiquant les conceptions traditionnelles

souligne F. Wolff, les vertus aristotéliciennes (la tempérance, le courage) ne permettent pas véritablement d'expliquer le souci du bien d'autrui. Nous y reviendrons. Nous avons, à ce stade, acquis la conviction qu'il est possible de fonder la valeur de l'humanité sur l'humanité elle-même, c'est-à-dire « sur ce qu'elle est, sur ce qu'elle fait, et sur ce qu'est la raison[101] ».

La singularité humaine avait été dégagée dans *Notre humanité*. F. Wolff insistait sur l'existence de devoirs absolus nous liant les uns les autres : échange, réciprocité et justice. *Plaidoyer pour l'universel* reprend et approfondit ces caractéristiques et ces devoirs, tout en ajoutant beaucoup à la compréhension de notre singularité. C'est un ajout essentiel par rapport à *Notre humanité*.

La recherche d'invariants anthropologiques n'est certes pas nouvelle. Mais la façon dont elle est ici conduite est particulièrement originale. Non dans la volonté de distinguer des *propres* de l'homme, soit des facteurs de l'hominisation, tels la bipédie ou l'encéphalisation[102], mais dans celle de dégager l'*essence* de l'humanité.

L'ÉCHANGE DIALOGIQUE

Rappelons toute l'importance du « Je » pour F. Wolff. On ne dit pas « Je » tout seul mais nécessairement à un autre, et du même coup on dit « Tu ». Le « Je » n'est donc pas substantiel mais *intentionnel*, c'est-à-dire dirigé vers un objet. Car rien ne traduit mieux l'entreprise de l'auteur

---

de la nature humaine, ne cherche-t-il pas à s'en former une idée adéquate ? Pas plus que chez F. Wolff, la nature de l'homme n'est posée au début de l'investigation intellectuelle. Néanmoins, si, comme nous le pensons, l'entreprise wolffienne relève de l'anthropologie philosophique, il faut reconnaître que Spinoza n'a pas besoin d'une définition de l'homme pour bâtir son système.

101 F. Wolff, *Plaidoyer pour l'universel*, *op. cit.*, p. 117.

102 Il aurait été opportun de mentionner également la néoténie, trop souvent négligée, c'est-à-dire l'extrême lenteur du développement qui rend compte de la durée de la dépendance du bébé humain et, corrélativement, de son extraordinaire capacité d'apprentissage. La néoténie promet à l'animal humain (pour paraphraser le titre d'un grand livre méconnu de Weston La Barre, *The Human Animal : A Personal View of the Human Species*, Chicago, University of Chicago Press, 1954) un avenir de culture. Voir Étienne Bimbenet, *L'animal que je ne suis plus*, Gallimard, Paris, 2011, p. 70. Sur la néoténie, nous nous permettons également de renvoyer à Alain Policar, « Bolk Louis », *in* Pierre-André Taguieff (dir.), *Dictionnaire historique et critique du racisme*, Paris, PUF (Quadrige), 2013, p. 224-227 et aussi à Georges Chapouthier et Alain Policar, « La néoténie humaine, une idée à relancer », *Pour la science*, n° 452, juin 2015, p. 14-15.

que cette dimension, déjà fortement présente dans *Dire le monde* (1997) : nous y avons insisté, nous faisons le monde au sens où nous y *agissons*. Il s'agit donc de se demander qui agit.

Cette perspective implique un *espace interlocutoire* de débat. Le vocabulaire est proche de celui de Karl Otto Apel (*raison* communicationnelle) et de Jürgen Habermas (*éthique de la discussion*). Ces approches sont d'ailleurs discutées dans *Plaidoyer pour l'universel*[103]. À de nombreux égards, F. Wolff épouse l'ambition, commune à K. O. Apel et J. Habermas (malgré leurs importants désaccords), de reprise du projet kantien d'une fondation rationnelle des normes pratiques. Il est une référence commune aux trois auteurs : John Austin et sa théorie des actes de langage. En résumant sommairement, des affinités existent entre ce que F. Wolff dit de l'échange dialogique et l'idée qu'il y a, inscrites dans le langage, des prétentions à la validité. On pourrait résumer ces affinités par l'hypothèse de l'existence de présuppositions pragmatiques universelles qui ont, en elles-mêmes, un contenu moral.

Néanmoins, F. Wolff semble réticent par rapport à l'idée apélienne d'une fondation rationnelle ultime. Il paraît sensible bien que, sauf inattention de notre part, il ne les reprenne pas, aux objections telles qu'elles ont été formulées par Hans Albert et le fameux « trilemme de Münchhausen », le baron qui raconte qu'il se serait extrait d'un marécage en se tirant lui-même par les cheveux. Selon ce trilemme, tout raisonnement n'a que trois issues : la régression à l'infini (laquelle pousse toujours plus loin le principe de raison suffisante), la circularité logique (le raisonnement cherche à se prouver lui-même de manière tautologique), la rupture, c'est-à-dire l'invocation d'un principe de justification final comme l'expérience ou l'intuition. On n'oubliera pas de mentionner, contre cette idée d'une fondation rationnelle ultime, le rejet du sophisme naturaliste, autrement dit de l'idée humienne que l'on ne peut fonder le devoir-être sur l'être. Est-ce totalement le point de vue de F. Wolff ?

La question mérite d'être posée car il n'est pas insensible à la réponse de K. O. Apel à ces objections, laquelle se fonde sur la pragmatique transcendantale et, très précisément, sur l'argument de l'auto-contradiction performative : celui qui prétend vouloir s'émanciper de la raison

103 On se reportera également aux stimulantes remarques d'Élise Marrou, « Dire sous condition(s) », art. cité, p. 494-495.

s'auto-contredit car il énonce et reconnaît les normes qu'il prétend nier. Il ne s'agit pas ici d'une interprétation de notre part : F. Wolff lui-même dit avoir réinterprétés et tirés de leur contexte le cogito cartésien et le principe de contradiction aristotélicien, lesquels lui paraissent être « les deux principes transcendantaux de l'énonciation[104] ». Cette référence au *transcendantal* n'est nullement secondaire, même si le concept n'est pas utilisé dans son sens kantien (il n'en est notamment pas tiré des conséquences idéalistes) : « Il ne désigne pas les conditions de possibilité de la connaissance, mais celles de la communication linguistique sans lesquelles il n'y aurait pas de monde "pour nous"[105] ». F. Wolff décrit précieusement ce qu'il nomme la « scène primitive » de l'humanité :

> Deux petits d'homme fixent d'un commun accord implicite le même objet sans autre but que de constituer à la fois un monde d'objets hors d'eux et un monde commun entre eux[106].

Cette scène primitive contient tout ce qui fait l'humanité de l'homme :

> Le monde objectif, le « je » et le « tu », l'identification alternée de l'un à l'autre, l'interaction originaire entre un humain et tout autre humain, le oui et le non du dialogue, l'entente et le différend, la coopération et la rivalité – et le monde commun sur fond d'un réel à partager[107].

L'être humain possède, en outre, un trait remarquable, la capacité à se déprendre de soi et ainsi d'accorder toute sa place à *l'attention conjointe*[108], soit la capacité de détecter les intentions de l'autre, c'est-à-dire d'accéder à des états mentaux qui ne sont pas les miens[109]. Cette capacité est-elle, en tant que telle, anthropologiquement définitoire ? Elle semble être possédée par d'autres espèces de primates (même si les grands singes paraissent, contrairement aux humains, très généralement incapables d'attribuer de fausses croyances à leurs congénères). Ce qui, en revanche, nous caractérise est notre motivation

---

104 F. Wolff, *Dire le monde*, *op. cit.*, 2004, p. 16.

105 *Ibid.*

106 F. Wolff, *Plaidoyer pour l'universel*, *op. cit.*, p. 156-157.

107 *Ibid.*, p. 157.

108 Sur cette importante notion, on lira Étienne Bimbenet, « Pour une approche phénoménologique de l'attention conjointe », *Alter*, n° 18, 2010, p. 93-110.

109 M. Merleau-Ponty parle ainsi de *multiplicité perceptive*, pour décrire la possibilité toujours donnée à notre point de vue de se déprendre de lui pour s'échanger avec d'autres.

à partager nos états mentaux, à faire part de nos désirs et de nos croyances. L'intentionnalité partagée[110] est donc le produit de la capacité sophistiquée à comprendre les états mentaux des autres et, surtout, de notre désir d'échanger à leur sujet. Il est fondé de penser que ce partage est à la source d'autres traits propres à notre espèce, tels que le langage ou les institutions sociales[111]. Michael Tomasello évoque l'*effet cliquet* de la transmission culturelle pour insister sur le fait que chaque génération se développe en héritant des outils (matériels et intellectuels) créés par les générations antérieures. La cognition humaine se déploie à la fois dans le temps phylogénétique (où notre espèce apprend à développer une manière spécifique de comprendre ses congénères), dans le temps historique (où elle crée des artefacts matériels et symboliques), dans le temps ontogénétique (où les bébés humains absorbent tout ce que la culture met à leur disposition et développent des modes spécifiques de représentation cognitive)[112]. La cognition culturelle modifie donc fondamentalement le processus même de l'évolution cognitive.

Les travaux de M. Tomasello donnent une forte crédibilité au rejet d'une hypothèse *continuiste*. La spécificité de la structure prédicative exprime une irréductible différence anthropologique, l'animal non humain étant incapable d'articuler, comme nous le faisons, la syntaxe et la sémantique. C'est cette articulation qui autorise la « production d'un ensemble ouvert (en principe infini) de messages nouveaux, portant sur des états de choses indéterminés[113] ». Les recherches en psychologie cognitive, en empruntant d'autres voies, confirment par conséquent les analyses du philosophe, telles qu'elles s'expriment dans ses ouvrages récents, même si F. Wolff, pour saisir de quoi est faite la différence anthropologique, ne s'inscrit pas explicitement dans une perspective cognitiviste.

110 Voir Michael Tomasello *et al.*, « Understanding and Sharing Intentions : the Origins of Cultural Cognition », *Behavorial and Brain* Sciences, n° 28, 2005, p. 675-735 ainsi que Michael Tomasello et Josep Call, *Primate Cognition*, Oxford, Oxford University Press, 1997.

111 Camille Guillier, « Les primates non humains ont-ils une théorie de l'esprit ? », *Revue de primatologie*, n° 8, 2017. « https://journals.openedition.org/primatologie/2781 (consulté le 4/11/2020).

112 Michael Tomasello, *Origins of Human Cognition*, Cambridge, MIT Press, 2008.

113 Joëlle Proust, *Les animaux pensent-ils ?*, Paris, Bayard, 2003, p. 102.

Pour lui, l'homme est doté de *rationalité dialogique*[114]. Cette expression, décisive, permet d'échapper à la controverse classique entre *substance* et *relation* (ou individu et collectivité), car il n'existe pas « d'individu qui ne soit d'emblée ouvert à l'altérité puisqu'il se définit par le "parler à"[115] ». Il s'agit de deux aspects de la rationalité dialogique. Trois degrés de chacun de ces deux aspects sont proposés à la réflexion.

Au premier degré de rationalité dialogique, la face théorique est ce qui permet au langage d'objectiver les informations qui nous parviennent du monde et sur lesquelles nous élaborons des croyances. Nous sommes donc capables d'une représentation de second ordre[116]. F. Wolff parle de « repli de la conscience sur elle-même », spécifiquement humaine. Ce repli implique l'existence d'un monde objectif à propos duquel nos jugements peuvent être dits vrais ou faux.

Il existe un deuxième degré de rationalité théorique, celui de la *justification* de nos jugements, le passage au *pourquoi*, et, enfin, un troisième, considéré comme la forme universelle de justification des jugements, la *science*. Que le savoir scientifique soit spécifique, nous n'en doutons guère. L'intérêt de l'analyse de F. Wolff consiste à s'interroger sur ce que la science, en tant que mode de connaissance, nous dit de l'homme : « C'est l'être qui peut s'efforcer de s'abstraire de soi pour comprendre le monde en soi[117] », d'adopter, pour reprendre le titre d'un ouvrage fameux de Thomas Nagel, le point de vue de nulle part.

Quant aux degrés de rationalité pratique, le premier vise la liberté, entendue non comme un libre arbitre métaphysique mais comme le fait d'avoir des *raisons* de faire ce que nous faisons. C'est la condition même de notre responsabilité. F. Wolff adopte ici une thèse compatibiliste (autrement dit, il pense que la responsabilité est compatible avec le déteminisme). Elle n'est pas sans affinités avec celle défendue par Ronald Dworkin pour lequel la responsabilité réflexive est la trame de tout tissu moral[118]. Le

114 F. Wolff insiste sur la différence entre raison dialogique, qui concilie bonheur et moralité, et raison monologique, confrontée au dilemme entre l'un et l'autre, F. Wolff, *Dire le monde*, *op. cit.*, 2020, p. 505.

115 F. Wolff, *Plaidoyer pour l'universel*, *op. cit.*, p. 148.

116 Soit, pour les êtres parlants, « une conscience représentative de leurs propres états de conscience représentatifs », F. Wolff, *ibid.*, p. 163.

117 *Ibid.*, p. 225.

118 Nous nous permettons de renvoyer à Alain Policar, *Ronald Dworkin ou la valeur de l'égalité. Le juste, le bien, le vrai*, Paris, CNRS éditions., 2015.

deuxième degré se déduit du précédent puisque nous passons des raisons d'agir aux *bonnes* raisons d'agir. C'est dire que l'homme est un être moral. Il est guidé par des valeurs et, si nous voulons qu'un plaidoyer pour l'universel soit fondé, il nous faut surmonter la guerre qu'elles se livrent. Aussi, le troisième degré s'exprimera-t-il dans ce que l'auteur appelle, nous l'avons vu, la quête du *point de vue de toutes parts*, autrement dit l'éthique. Car, écrit-il, l'animal interlocutif est un animal éthique, il veut le bien pour soi et le bien en soi :

> Il y a, pour la raison dialogique, un bien universel. Il suppose le monde vu de toutes parts, de toutes les places où se trouve un sujet d'interlocution. Telle est l'éthique humaniste fondée en raison[119].

Cette éthique humaniste n'a rien d'abstrait. Elle se réalise de multiples façons (psychologique, émotionnelle, affective, culturelle, juridique, morale, politique et historique) dans la *réciprocité* (chacun considère tout autre comme un autre soi) et l'*égalité* (chacun considère tout autre comme égal à soi). C'est donc bien l'interlocution rationnelle, autrement dit l'expérience de la réciprocité et de l'égalité, qui est à la source de l'humanisme universaliste.

RETOUR À L'ÉTHIQUE

Dans *Trois utopies contemporaines*, le transhumanisme, l'animalisme et le cosmopolitisme[120], sont examinées à l'aune d'une distinction heuristique entre éthiques de la première, de la deuxième et de la troisième personne, définies selon la position du bien visé par celui qui agit. On peut, en effet, agir en vue de son propre bien (ce qui fait de nous, à la fois, l'agent et le bénéficiaire de l'action), en vue du bien de quelqu'un (dès lors, l'agent moral est séparé du bénéficiaire, le patient moral) ou, enfin, agir en vue du bien de tiers quelconques. Aussi, la finalité d'une éthique de la première personne, laquelle vise son propre épanouissement, se distingue-t-elle de celle de la deuxième personne qui vise la générosité, et de la troisième personne qui vise la justice. La distinction entre les points de vue de troisième et de la première personne est, pour F. Wolff, comme il tient à le rappeler

119 F. Wolff, *Plaidoyer pour l'universel*, *op. cit.* p. 263.

120 Voir *supra* le développement consacré au cosmopolitisme.

dans l'édition de 2020 de *Dire le monde*, « la condition de l'action et donc de toute éthique[121] ».

Le transhumanisme (ou, plutôt, le post-humanisme puisqu'il s'agit d'un au-delà de l'humanisme), dont le projet est d'améliorer indéfiniment les capacités physiques, intellectuelles et morales de l'homme, est représentatif d'une éthique de la première personne, puisqu'il n'est pas question de rêver d'un salut commun, mais « du salut de chacun pour soi[122] ». Cette utopie ne nourrit aucune inquiétude pour quelque communauté que ce soit, politique, morale ou animale. Elle ne s'intéresse qu'à « la puissance des puissants » qu'elle souhaite encore améliorer à l'infini en s'affranchissant des limites naturelles de la condition humaine. Le nouveau « je » dont elle rêve doit triompher de l'immortalité.

Il s'agit bien d'une chimère, laquelle présuppose que le fonctionnement de l'esprit humain s'apparente à celui d'un ordinateur et qu'il pourrait donc être répliqué sous forme informatique. Mais il n'en est évidemment rien. Comme le souligne F. Wolff, le fossé entre l'homme et la machine tient à son animalité, ce qui, notamment, explique que l'on ne saurait fabriquer une machine qui ait mal aux dents. Certains ont pu déduire de la victoire aux échecs d'une intelligence artificielle sur l'homme, l'idée d'une supériorité intellectuelle de la première sur le second. Mais l'intelligence humaine n'est pas programmée pour jouer aux échecs, mais pour accomplir un nombre quasi infini de tâches intellectuelles grâce à sa capacité continue d'apprentissage. Dès lors, même si elle n'existe pas *sans* le cerveau, « la pensée n'est pourtant pas *dans* le cerveau, elle est un rapport au monde[123] ». Remarque tout à fait juste, bien que nous ne soyons pas totalement convaincu de la pertinence de l'opposition : si l'on admet qu'il existe des structures *naturelles* de la pensée, celles-ci sont bien *dans* le cerveau, mais celui-ci est en quelque sorte « pré-câblé » pour la vie en société. Il nous faut refuser « la fausse dichotomie entre un naturalisme antihumain et un humanisme antinaturaliste[124] ».

---

121 F. Wolff, *Dire le monde*, *op. cit.*, 2020, p. 9. Dire le monde en troisième personne (donc, par exemple, prédiquer), ce n'est pas le dire en première personne (s'indiquer soi-même, donc dire je et tu, condition de l'action et donc de la possibilité de l'éthique).

122 F. Wolff, *Trois utopies contemporaines*, *op. cit.*, p. 53.

123 *Ibid.*, p. 52. Cette remarque illustre l'adhésion de F. Wolff à l'argument de la Terre Jumelle (voir plus haut).

124 Daniel Andler, *La silhouette de l'humain*, *op. cit.*, p. 404.

Chimère, disions-nous, que de vouloir s'affranchir de nos limites naturelles. Mais pourquoi, peut-on rétorquer, refuser un possible dont l'objectif serait de nous éviter la dégénérescence de la vieillesse et de repousser les frontières de la mort ? Tout simplement, explique F. Wolff, parce que, même à supposer que nous fassions partie des privilégiés protégés de la vieillesse, nous verrions « disparaître nos réseaux de sociabilité et mourir tous les êtres que nous connaissions et qui n'auraient pas les moyens de s'offrir notre cure de jouvence[125] ». Or il serait injuste que ceux qui vivraient après nous en pâtissent. C'est ainsi au nom d'une éthique en troisième personne que nous devons refuser cette injustice. L'immortalité qu'il nous faut donc viser est celle de l'humanité comme telle et nous sommes fondés à la désirer parce qu'elle apparaît comme la « projection dans le temps de notre lien à la communauté morale humaine universelle[126] ». Il y a là largement matière à espérer.

C'est cette communauté morale universelle que les animalistes veulent étendre aux animaux. L'animalisme n'a rien à voir avec les préoccupations *welfaristes* en faveur du bien-être animal. Il est fondamentalement un abolitionnisme puisque son objectif est d'humaniser l'animal en même temps que d'animaliser l'homme. Il développe, en outre, une forte critique à l'égard de l'humanisme, soupçonné d'anthropocentrisme, voire d'ethnocentrisme occidental (cette dépréciation est le fait d'auteurs renommés, tels Bruno Latour ou Philippe Descola[127], pour lesquels nos catégories sont des productions arbitraires de nos cultures). Nous avons, à n'en pas douter, des devoirs vis-à-vis des animaux (*relatifs*, dit F. Wolff, pour les distinguer des devoirs *absolus* à l'égard des hommes). L'impératif de bientraitance exige que nous luttions, dans la perspective des Lumières, contre leur chosification. Ajoutons encore que les principes de l'animalisme et ceux de l'écologie (ou plutôt de l'éthique environnementale) sont totalement opposés. Alors que l'animalisme ne s'intéresse qu'aux animaux en tant qu'êtres souffrants, l'écologie, dans la mesure où elle s'inquiète de l'équilibre global entre les espèces dans les écosystèmes, refuse la différence entre espèces de vivants sensibles et non sensibles. Dès lors, elle considère la souffrance et la mort animales

125 F. Wolff, *Trois utopies contemporaines*, *op. cit.*, p. 56-57.

126 *Ibid.*, p. 64.

127 On trouvera une critique de P. Descola dans *Notre humanité*, p. 151-155 et également dans *Plaidoyer pour l'universel*, p. 41-45.

comme des composantes nécessaires de la vie et de la dynamique naturelle, ainsi qu'en atteste la volonté de réintroduire des prédateurs dans les réserves animalières.

L'animalisme se trompe en outre lorsqu'il prétend que nous serions des animaux comme les autres et qu'il en déduit que nous devrions traiter les animaux comme nous traitons les hommes, c'est-à-dire étendre aux premiers la communauté morale universelle. C'est précisément « parce que nous ne sommes pas des animaux comme les autres que nous avons des devoirs vis-à-vis d'eux[128] ». C'est un point central sur lequel F. Wolff est revenu avec bonheur dans *Trois utopies contemporaines*[129] : ces devoirs relèvent d'une éthique de la troisième personne, autrement dit ils répondent à la question suivante : « Quel type de traitement est *juste* selon le type d'animal, le type de relation que nous avons avec lui et donc le type de *communauté* implicite que nous formons avec lui[130] ? »

Mais l'utopie animaliste ne s'en tient pas là. Elle recycle le vocabulaire de la lutte contre l'esclavage ou en faveur de l'émancipation féminine pour prôner la « libération » animale contre l'exploitation subie. En libérant les animaux, on pense libérer l'ensemble des asservis, de même que la libération du prolétariat devait permettre celle de l'humanité tout entière. Comme l'écrit F. Wolff, « l'animalisme n'est pas une radicalisation de la protection animale, c'est une animalisation de la radicalité[131] ». On voit bien qu'il est, au sens strict, un projet révolutionnaire dont le principe fondateur est l'antispécisme : « Puisqu'il n'y a pas de différence essentielle entre l'homme et les autres animaux, *il n'y a pas de raison* de différencier moralement les humains des animaux[132] ». Dans cette perspective, l'homme appartient, comme les autres espèces, à la catégorie des animaux sensibles. Il n'est plus désormais la mesure de toute chose. Ce qui nous est donc proposé est la « synthèse d'une éthique compassionnelle et d'une idéologie des "droits subjectifs"[133] », assez proche du post-humanisme dans la mesure où elle décrit la figure d'un « être complet et insulaire, sorti des mains de la Nature muni de ses droits inaliénables », un « individu libéral, souverain

128 *Ibid.*, p. 45.
129 F. Wolff, *Trois utopies contemporaines*, *op. cit.*
130 *Ibid.*, p. 106.
131 F. Wolff, *Trois utopies contemporaines*, *op. cit.*, 2017, p. 74.
132 *Ibid.*, p. 77.
133 *Ibid.*, p. 78-79.

et indépendant[134] ». L'animalisme, en somme, épouse parfaitement la logique de l'impérialisme culturel. C'est l'une des conclusions les plus fortes de F. Wolff :

> Le sens de la fête de rue, la ritualisation de la mort ou la stylisation emphatique du tragique, tous éléments constitutifs de la corrida, sont au fondement de toutes les cultures méditerranéennes. Ils sont bien éloignés des traditions des pays anglo-saxons ou des cultures de tradition protestante auxquelles s'alimente aujourd'hui toute la morale animaliste[135].

Cette dernière est en définitive attentatoire à la liberté car elle réclame l'interdiction au nom de « raisons » qui renvoient l'amoureux de la corrida à sa passion « barbare ». L'animalisme rentre donc dans la typologie de l'auteur comme une éthique de la deuxième personne. À cette idéologie, il est aisé d'opposer l'éthique humaniste véhiculée par la corrida.

Car, lorsqu'il évoque son amour de la corrida, F. Wolff nous parle évidemment encore de l'homme. Il nous dit également beaucoup de lui-même. C'est en 1969, lors de son année de khâgne, que, presque par hasard, il découvre la corrida, laquelle va occuper une place considérable dans sa vie. Peu de temps après, en 1973, il rencontre Françoise, sa future épouse, qui alors découvre la tauromachie et en devient, elle aussi, une passionnée. Leur commune passion (conjuguée à celle de la musique) n'est sans doute pas pour rien dans leur relation amoureuse. *Francis Wolff, Un philosophe dans l'arène*, tel est le titre choisi par les réalisateurs d'un merveilleux film autour de la passion de son sujet principal pour la corrida. Ceux qui ont la chance de l'avoir vu, qu'ils partagent ou non cette passion, auront au moins compris ce que signifie l'humanisme.

Une éthique à la troisième personne exige que nous refusions avenir divin comme destin animal. Dès lors, la question essentielle est de savoir s'il est déjà trop tard pour une véritable utopie *humaniste* et politique, laquelle, puisqu'elle aspire à la *polis* du monde humain, s'incarnerait dans le cosmopolitisme. C'est dans ce projet que convergent, d'une part, nos exigences éthiques et nos convictions politiques et, d'autre part, nos réponses à la question de ce qui fait notre humanité.

---

134 *Ibid.*, p. 79.

135 F. Wolff, *50 raisons de défendre la corrida*, *op. cit.*, p. 88.

CONCLUSION

Nous n'avons que fort peu utilisé le terme de *tolérance*, tout au long de ce livre. Tolérance d'abord en tant que vertu que pratique F. Wolff, mais le lecteur aura compris nos scrupules à trop l'évoquer : il s'agissait de faire de la philosophie en compagnie de F. Wolff, non de faire son portrait. Nous avons confié notre amitié et notre admiration. D'aucuns penseront que c'est déjà beaucoup, voire trop. Mais la philosophie, tout particulièrement celle qu'il pratique, ne se conçoit pas sans *philia*. Les amis et les disciples qui lui ont rendu hommage témoignent, s'il en était besoin, des couleurs et des saveurs que ses cours, ses séminaires et ses livres auront déposé dans les esprits et les cœurs.

Et tolérance encore et surtout dans le rapport aux pensées des autres. Jean-Michel Salanskis l'a sobrement exprimé :

> J'entends ici tolérant au sens de celui qui entend et comprend le génie de plusieurs démarches[1].

F. Wolff parle en effet plusieurs langues ou, plutôt, plusieurs grammaires philosophiques. Il en a fourni une exemplaire démonstration dans les séminaires, organisés d'abord à Nanterre puis à l'ENS, au cours desquels il a, plus ou moins explicitement, contraint les philosophes formés dans le style interprétatif à donner à leur intervention un tour thétique[2]. C'est sans doute une partie de l'explication du retentissement de son œuvre fondatrice, *Dire le monde*. Vingt-trois années après sa première parution, elle est encore l'objet de débats et controverses passionnés dont l'auteur, dans sa nouvelle préface, a rappelé les points saillants.

Nous avons insisté sur la question du rapport de l'auteur au naturalisme : ce n'est pas seulement en raison de notre propre intérêt pour

1 Jean-Michel Salanskis, « Lieux de Francis Wolff » *in* Juliette Lemaire et Julie Giovacchini (dir.), *op. cit.*, 2019, p. 468.

2 C'est ce sur quoi insiste J.-M. Salanskis, *ibid.*, p. 469.

celle-ci. En effet, F. Wolff, pour résumer l'évolution de sa façon de philosopher dit avoir mis un peu d'eau naturelle dans son vin logocentrique et, également, être un peu moins « critique » et un peu plus « réaliste[3] ». Ce sont, pensons-nous, ces inflexions qui donnent à sa philosophie ce goût si particulier, lequel n'autorise pas une définition univoque[4]. Néanmoins, celle que propose J.-M. Salanskis, en insistant sur la dimension rationaliste de l'œuvre, nous semble parfaitement adéquate à ce que nous avons voulu exprimer :

> Que le vrai rationalisme, le plus fort et le plus intelligent, soit celui qui en même temps comprend et entend les voix bigarrées de la raison des autres, c'est ce que nous rappelle et nous prouve par l'exemple Francis Wolff[5].

Nous avons souligné le souci de cohérence, voyant en lui une vertu. Si F. Wolff le traduit autrement, mais, en revendiquant la « plus grande clarté conceptuelle » et la « construction argumentative la plus ferme », il fait de ces exigences des « devoirs d'état du philosophe » et il se place résolument sous l'autorité de la vérité. Et, il ajoute, diminuant ainsi le caractère incertain de la tripartition que nous avons choisie, que les thèses de *Dire le mond*e ont été développées dans les champs de la métaphysique, de l'anthropologie et de l'éthique.

Cette conclusion n'en est pas vraiment une : nous sommes assurés de continuer, grâce à F. Wolff, à mettre un peu de raison dans notre expérience du monde. L'œuvre se poursuit, et la postface qu'il a souhaité offrir à notre ouvrage en constitue le premier élément. Tout indique que les suivants ne seront pas de simples ornements.

---

3 F. Wolff, *Dire le monde*, *op. cit.*, 2020, p. 8. Même si *Dire le monde* annonce déjà cette évolution par la place déterminante accordée à la discursivité.

4 Comme l'écrit J.-M. Salanskis, le transcendantal est « prononcé au moins deux fois, une fois de façon phénoménologique, une fois de façon logico-linguistique », *op. cit.*, 2019, p. 470-471.

5 J.-M. Salanskis, « Lieux de Francis Wolff », art. cité, p. 480.

POSTFACE

En somme

Qui n'aimerait être lu, une fois dans sa vie, comme Alain Policar m'a lu ? Qui n'aimerait retrouver le monde qu'il s'est efforcé de dire décrit par un autre avec une telle exactitude ? J'ai publié une première version de *Dire le monde* en 1997. Ce livre a ensuite connu plusieurs éditions augmentées[1]. Il a été suivi d'autres livres, sur l'humanité, sur la musique, sur l'amour, sur les utopies politiques ou sur l'éthique, ainsi que d'études sur la métaphysique, le temps ou la philosophie ancienne. Selon Alain Policar, tout cela constitue une œuvre. Il fallait un lecteur attentif comme lui pour l'apercevoir en totalité, il fallait un esprit scrupuleux comme le sien pour ne rien ignorer de ses linéaments, et un ami généreux pour en proposer une synthèse. C'est fait : *Dire le monde* et ses suites est devenu le monde dit par Alain Policar : *Le monde selon FW.*

Il met en évidence l'unité fondamentale d'une pensée malgré son éparpillement et son apparence hétérogène : entre philosophie et histoire de la philosophie, entre métaphysique et anthropologie, entre philosophie du langage et philosophie de la musique. Il montre que, à l'instar d'une philosophie classique, celle-ci répond à quelques questions essentielles et les relie entre elles. Les questions sont ontologique (qu'y a-t-il ?), anthropologique (qu'est-ce que l'homme ?), éthique (qu'est-ce que le bien ?) ou esthétique (que sont les arts ?). Selon Alain Policar, mes thèses éthiques, politiques, anthropologiques et même esthétiques procèdent des positions ontologiques que j'ai soutenues dans *Dire le monde.* Il a raison. De la constitution du monde, fait ultimement de

1 *Dire le monde* a connu trois éditions : PUF 1997 ; PUF « Quadrige » 2004 (même texte que précédemment augmenté d'une longue Préface et de deux appendices) ; Hachette-Pluriel (même texte qu'en 2004, à l'exception du deuxième appendice « L'impossible et l'interdit » mais augmenté de six contributions de Luis Henrique Lopes dos Santos, C. Ulises Moulines, Jim Gabaret, Élise Marrou, Étienne Bimbenet, et Bernard Sève, ainsi que de mes six réponses).

trois types d'entités (choses, événements et personnes), je déduis en effet une éthique de l'égalité des personnes, une anthropologie de l'échange interlocutif et une esthétique de la représentation. C'est ainsi que j'ai procédé depuis le livre de 1997, chacune de mes contributions ultérieures pouvant s'inscrire dans son sillage. Mais s'il a raison, c'est-à-dire si « la pensée de FW » constitue bien, comme l'indique le titre même de cet ouvrage, un « monde » au sens de FW (c'est-à-dire un ordre total), il doit être possible de prendre pour point de départ une autre thèse essentielle de mes travaux pour en mesurer les effets sur les autres. Ainsi en va-t-il de la définition de l'être humain comme « animal dialogique ». De ma réponse à la question anthropologique, doivent pouvoir se déduire mes positions éthiques, ontologiques et même esthétiques. C'est du moins la position que j'adopterai dans cette postface, en m'attardant davantage sur certains aspects moins développés par Alain Policar. Les pages qui suivent ont donc la même vocation synthétique que celles qui précèdent. Elles constituent seulement une sorte de preuve par les effets de leur thèse principale, celle de l'unité de mon travail.

Elles sont aussi la version écrite de l'exposé que j'aurais aimé prononcer lors de la dernière séance de mon séminaire hebdomadaire de philosophie générale à l'École normale supérieure, « Les lundis de la philosophie », dont Alain Policar a été l'un des intervenants et surtout l'un des plus fidèles assistants. J'ai ouvert ce séminaire en octobre 2004. Je devais conclure ses 284 séances le 20 avril 2020 par un exposé intitulé « En somme ». À cause de la pandémie, cette séance n'a jamais eu lieu et n'aura jamais lieu. Mais heureusement ce livre vint, et à son heure. C'est donc pour moi un bonheur de le postfacer par ce texte. « En somme » : comme se veut la synthèse d'Alain Policar, comme se veut celle qui suit, comme se voulait aussi cette séance conclusive. Car ce séminaire, je l'ai bâti à l'image de ce que j'ai toujours voulu faire en philosophie et de ce que montre bien ce livre. Philosopher sur des *realia* plutôt que sur des *dicta*, ou plutôt n'utiliser des *dicta* que pour éclairer des *realia*. Ne philosopher ni du côté continental, ni du côté analytique, mais s'efforcer d'être aussi rigoureux dans l'argumentation que les philosophes analytiques et aussi fidèle à la tradition que les continentaux. Philosopher pour aujourd'hui mais hors des modes du jour. Renouer avec la métaphysique sans tomber dans ses illusions, ses présupposés ou ses pièges. Autrement dit ne pas se borner à déconstruire mais mesurer jusqu'où il est possible de reconstruire. Philosopher, surtout, conformément aux impératifs du dialogue, ou plus exactement de la « raison dialogique » : c'est pour moi le propre de l'homme d'où la philosophie elle-même tire son origine.

C'est donc la question anthropologique, et plus particulièrement la définition de l'homme comme animal dialogique qui me servira de fil conducteur dans cette postface.

La question « Qu'est-ce que l'homme ? » a en effet été au centre de mes travaux depuis plus d'une dizaine d'années, en particulier dans ce que j'ai nommé ma trilogie : *Notre humanité*, *Trois utopies contemporaines* et *Plaidoyer pour l'universel*. Mais auparavant, elle n'avait cessé d'alimenter mes analyses de la pensée ancienne.

LA RAISON DIALOGIQUE COMME DIFFÉRENCE ANTHROPOLOGIQUE

Dans *Notre humanité* (2010), la question « qu'est-ce que l'homme ? » est traitée par l'histoire[2]. J'y rappelle l'extrême variété des concepts de l'homme. Je montre en particulier comment certaines de ses définitions stratégiques sont présupposées par les révolutions scientifiques et autorisent par ailleurs des normes éthiques et politiques. Autrement dit, et contrairement à la thèse de l'apparition récente du concept d'homme dans l'horizon de la connaissance et de sa disparition prochaine, je soutiens qu'il n'y a pas de connaissance scientifique qui ne suppose une certaine idée de l'homme, laquelle enveloppe à son tour d'importantes conséquences politiques et morales. J'y examine quatre tournants de l'histoire des sciences et des mœurs ainsi que l'anthropologie qui les soutient. Deux concernent la connaissance de la nature, les deux autres celle de l'homme : la naissance de la science naturelle dans l'Antiquité, la naissance de la physique à l'âge classique, le paradigme structuraliste des sciences humaines au siècle dernier et le nouveau paradigme cognitiviste depuis le tournant du siècle[3].

---

2 Le propos général en est bien analysé ci-dessus p. 45-49. A. Policar met bien en évidence mes notions de « figures de la pensée » et de « configuration » : voir aussi p. 102.

3 Voir ci-dessus p. 45 et p. 102.

L'homme d'Aristote, « le vivant doué de logos », est à l'origine des classifications de l'histoire naturelle. Cependant ce même concept permet l'esclavagisme et le patriarcat parce que tous les êtres humains ne sont pas également aptes au logos et par conséquent également humains. L'homme de Descartes, « l'étroite union d'une âme et d'un corps », est inséparable du projet de fonder une physique mathématique car il réunit deux substances naturellement séparées : l'âme est sujet de la connaissance, à condition d'être complètement séparable du corps et réduite à la raison mathématique ; le corps, quant à lui, peut être objet de science, la physique, à condition d'être complètement séparable de l'âme et réduit à un objet géométrique. Cependant, ce même concept de l'homme autorise une exploitation sans limite de la nature vivante, conçue comme purement mécanique. Les sciences de l'homme, elles, reposent sur deux concepts opposés. Selon le premier, l'homme est un « sujet assujetti » toujours abusé sur ce qu'il est et sur ce qu'il fait : cela permet une méthode de connaissance scientifique des faits humains alternative à celle des sciences naturelles. Cependant l'homme ainsi conçu rend illusoire le sujet de droit, le sujet moral responsable ou le sujet politique de la démocratie. Un autre concept d'homme, apparu avec le triomphe des neurosciences au XXIe siècle, est « l'animal comme les autres » : il sous-tend le paradigme cognitiviste et permet de redonner sens au vieux projet de naturalisation de la connaissance de l'homme[4]. Cependant, ce même concept est à l'origine des deux dystopies transhumaniste et animaliste que j'ai analysées par la suite dans *Trois utopies contemporaines*[5].

Ces analyses de *Notre humanité* devraient conduire à une conclusion relativiste à la Foucault, du genre : « autre épistémè, autre idée de l'homme ». Il n'en est rien. Et la longue conclusion de *Notre humanité* paraît un retournement de tout ce qui précède, comme un *homo ex machina*. À rebours de la variabilité historique des concepts, elle s'attache aux constantes, en particulier celles des deux définitions philosophiques d'Aristote et de Descartes. Ce qui demeure du concept cartésien, c'est le « je pense », et donc la réflexivité de la conscience. Plus généralement, nous héritons de l'âge classique ce qu'il appelait les « idées » et que les philosophies de l'esprit contemporaines nomment les *qualia*, à savoir

4 Sur le « naturalisme » épistémologique, je ne peux que renvoyer aux p. 93 *sq.* ci-dessus.

5 Voir ci-dessus, p. 109-113.

le contenu subjectif de l'expérience[6] – le point de vue irréductible de la première personne. Ce qui demeure du concept aristotélicien, c'est l'idée que le langage prédicatif (« dire quelque chose à propos de quelque autre chose ») structure universellement cette conscience humaine. Dans la conclusion, j'esquisse cette structure que je nomme « plissée » parce qu'elle superpose différents niveaux de conscience en relation les uns avec les autres : conscience phénoménale brute, conscience intentionnelle de premier ordre (croyances et désirs), conscience de deuxième ordre (jugements et volitions), conscience de troisième ordre (savoirs et valeurs), enfin conscience humaine universelle : la science (ou le monde vu de nulle part) et l'éthique (ou le monde vu de toutes parts)[7]. Ces développements occuperont l'essentiel de ma troisième partie du *Plaidoyer pour l'universel.*

C'est en effet dans ce livre que j'affronte directement la définition de l'homme. Sans ce concept, il serait impossible de « fonder l'humanisme » selon le sous-titre de ce livre. Pourtant, définir paraît aujourd'hui une tâche inconvenante. Notre époque répugne aux essences ; les concepts sont réputés fluides, la distinction homme/animal moralement incorrecte, et les espèces vivantes supposées n'avoir pas de frontières définies. On remarquera cependant que, à l'encontre de ces représentations, le fossé séparant en réalité l'*homo sapiens* des autres vivants ne cesse de se creuser : les effets d'humanisation culturelle s'ajoutent à ceux de l'hominisation naturelle ; et toutes les autres espèces du genre *homo* ayant disparu, l'*homo sapiens* se retrouve de fait isolé et comme plus éloigné que jamais de ses cousins primates.

La méthode définitionnelle du *Plaidoyer* est classique. Déterminer, non « *le* propre de l'homme » (car il y en a une infinité), mais le propre *essentiel*, celui qui permet d'expliquer les autres – par exemple la symbolisation, la culture, la technique, etc. Mais contrairement à la pensée classique, celle d'aujourd'hui ne peut plus se contenter de différencier l'homme des autres animaux, il faut aussi le distinguer des machines. Le critère cartésien de la conscience s'avère insuffisant parce que de nombreux animaux, et probablement tous les mammifères, sont doués

6 Voir ci-dessus p. 47 qui met en évidence ma proximité sur ce point avec la pensée de David Chalmers.

7 Voir ci-dessus p. 51 ainsi que *Notre humanité*, conclusion et *Plaidoyer pour l'universel*, troisième partie.

de conscience au moins au sens « phénoménal ». Ils ont accès à des expériences. La réalité, ça leur fait quelque chose ! Le critère du langage est lui aussi impropre, de nombreuses espèces sociales ayant des facultés de communication et d'expression élaborées. Quant au critère de l'intelligence, même au sens fort de la capacité à mener des raisonnements abstraits, il est lui aussi insuffisant, étant donné les performances de l'intelligence artificielle. La raison comme faculté intellectuelle est donc aussi exclue que le langage comme aptitude à la communication. Pourtant, une opération commune au langage et au raisonnement humains est absente des langages animaux comme des inférences des ordinateurs : c'est la négation. Non pas le connecteur logique des machines, mais l'opérateur pragmatique du dialogue : ce que l'un dit doit pouvoir être contredit par un autre. Parler l'humain, c'est à la fois pouvoir dire quelque chose, c'est-à-dire objectiver ce qui se donne subjectivement, et pouvoir contredire, c'est-à-dire subjectiviser ce qui se donne objectivement. Parler l'humain, c'est aussi raisonner en parlant, et raisonner avec qui l'on parle. C'est pouvoir affirmer et nier, dire et contredire, asserter et objecter, en un mot : argumenter. Les machines infèrent, les animaux communiquent, mais ni les unes ni les autres n'argumentent. L'esprit humain est donc d'emblée inscrit dans le triangle du logos : deux interlocuteurs se parlent l'un à l'autre (relation d'interlocution) d'une même chose du monde (relation d'objectivité) située au troisième sommet. Ce triangle de la parole est anticipé par un autre, pré-linguistique : le petit d'homme se distingue en effet très tôt de tous les autres primates par ce que Michael Tomasello a nommé « l'attention conjointe » : le regard de deux bambins alterne entre le regard de l'autre et l'objet situé entre eux : triangle intersubjectif et objectif prêt à accueillir la double relation linguistique définissant l'humanité[8].

Telle est en effet finalement la définition de l'homme : c'est un « animal dialogique », qui raisonne en parlant à un autre. Dans cette définition, la différence (« dialogique ») n'est pas séparable du genre (« animal »). L'animalité de l'homme se réalise dans et par le dialogue. La capacité à dialoguer est le fruit de la sélection naturelle et de l'adaptation à l'environnement. Cette définition a d'autres atouts : elle n'oblige pas à trancher entre la vision essentialiste de la « nature humaine » et la vision

---

8 Ci-dessus p. 107 et *Plaidoyer pour l'universel*, p. 152-157.

historiciste de la « condition humaine », puisque la « raison » est inséparable de son inscription concrète et historique dans le « langage[9] ». Elle ne sépare pas non plus individu et collectivité : la raison est une faculté sise en chacun mais nouée au travers des relations sociales. Il n'y a pas d'individu qui ne soit d'emblée ouvert à l'altérité puisqu'il se définit par le « parler à » : l'humanité est relationnelle autant que substantielle. Le langage est à la fois au fondement de l'individuation (dire je) et de la socialisation (dire nous). Il structure la conscience humaine et lui donne ce que j'ai appelé sa structure « plissée ».

Telle est donc la définition que j'ai proposée de l'être humain. Elle est inscrite dans la pensée contemporaine. Elle n'est cependant pas séparable de mes travaux sur la pensée ancienne.

On remarquera d'abord qu'elle rappelle un des rares passages d'Aristote où il semble définir l'homme par le langage. Dans la *Politique* (livre I, 1253 a 1-19), il définit l'être humain comme « politique » (et pas seulement grégaire ou social comme d'autres espèces)[10], parce que seul il dispose du logos (et pas seulement d'une capacité d'expression ou de communication des émotions). Le langage humain est d'emblée politique parce qu'il permet l'opposition des valeurs (« ceci est juste », « ceci est injuste ») et donc la contradiction : c'est là déjà défendre la démocratie conçue comme régime de la délibération collective entre égaux disposant du même droit à la parole (*isègoria*)[11]. La logique humaine est d'abord une dialogique. *Exeunt* bêtes… et machines.

La définition de l'homme par la « raison dialogique » renoue aussi avec la langue grecque qui désigne du même mot de « logos » le « langage » et la « raison ». Ce n'est pas une simple ambiguïté de langue, c'est aussi une réalité historique. Car la raison grecque est essentiellement une raison discursive – ou plutôt un ensemble de rationalités dialogiques. Le texte de la *Politique* d'Aristote m'a en effet servi de clé pour comprendre la « naissance et les œuvres de la raison » en Grèce ancienne.

---

9 Sur le « dilemme » entre « nature » et « condition », voir les analyses ci-dessus p. 97.

10 Sur cette définition, voir *Notre humanité*, p. 33-36 et 355-356, et antérieurement, *Aristote et la politique*, p. 67-75. Dans ces textes, j'emploie « animal rationnel » au sens de « animal doué de logos », c'est-à-dire de rationalité dialogique.

11 Sur cette notion, voir ci-dessus, p. 71. Voir aussi « Du métier de sophiste à l'homme-mesure », « Cosmopolitisme, stade suprême de la démocratie », et *Aristote et la politique*, p. 111-116.

LA NAISSANCE ET LES ŒUVRES DE LA RAISON DIALOGIQUE

On a nommé « naissance de la raison », le double mouvement civilisationnel (V^e^-IVe siècles avant J.-C.) contemporain de la démocratie, de déconstruction des mythes et des traditions religieuses menée par les Sophistes et de construction de trois édifices rationnels : la philosophie avec Socrate et ses disciples (Platon, Aristote) ; la démonstration mathématique, théorisée dans les cercles platoniciens, systématisée par le modèle aristotélicien d'axiomatique qui allait être mis en œuvre dans les *Éléments* d'Euclide puis dans la science alexandrine ; et l'édification d'un système de Droit pénal et de procédures d'administration de la preuve judiciaire rompant avec les méthodes archaïques de l'ordalie.

J'ai consacré trois ans de mon séminaire à l'ENS d'histoire de la pensée ancienne à cette question que j'intitulais, en un clin d'œil à Foucault, « les techniques de vérité dans la pensée grecque ». Les résultats furent publiés dans des textes épars consacrés à la dialectique, à la rhétorique et la science. La conclusion de *Penser avec les Anciens*[12] en présente une synthèse.

Une même conception de la rationalité caractérise les trois « techniques de vérité », à l'œuvre respectivement dans la science (en particulier la démonstration mathématique), la philosophie (en particulier les débats menés à l'intérieur des cercles sophistiques, socratiques, platoniciens, et jusqu'aux écoles médicales), et l'ordre juridico-politique. Dans les trois cas, une proposition ne peut être reconnue comme vraie qu'au terme d'une procédure formalisée recourant à une technique dialogique : la technique démonstrative dite « apodictique », la technique de réfutation par contradiction dite « dialectique » et la technique persuasive de la rhétorique.

Ces trois techniques ont divers points communs[13].

a/ Contrairement au discours archaïque qui doit sa vérité à l'autorité de celui qui l'énonce, aux circonstances exceptionnelles de son énonciation

12 Je rappelle que ce livre (Hachette-Pluriel, 2016) est la reprise des études publiées antérieurement sous le titre *L'être, l'homme, le disciple* (PUF « Quadrige », 2000).

13 Voir *Penser avec les Anciens*, Conclusion, « Figures de la rationalité ancienne. Naissance de la raison, crise des rationalités », p. 319-341.

et aux marques inscrites dans ses sonorités, dire vrai devient accessible à tout locuteur. La technique discursive ne fait appel à aucune autorité extérieure au discours ni à aucun signe interne : ni texte sacré aux assonances enchanteresses, ni coutume vénérable, ni mythe ancestral respectable, ni « maître de vérité » incontestablement vérace[14]. Le discours est libéré de tous les signes qui le rattachent à son locuteur et ne doit sa vérité qu'au rapport à sa référence, selon une suite de jugements (S est P) liés argumentativement[15].

b/ Le deuxième point commun aux trois techniques est la contrepartie positive du précédent. La vérité du discours dépend de son rapport à sa référence mais cette référence ne peut jamais apparaître comme telle. Elle ne peut pas être montrée ; la relation au dit externe doit demeurer interne au dire. Une vérité ne peut pas être établie empiriquement, elle ne peut l'être que par le discours, sans recours au témoignage des sens que ce soit dans les sciences, la philosophie ou le Droit.

La procédure démonstrative s'interdit tout appel à l'évidence sensible, que ce soit dans les « problèmes » de construction des figures ou dans les « théorèmes » établissant leurs propriétés[16]. Ce rejet systématique du visible caractérise la preuve dans les mathématiques grecques, par différence avec ses sources mésopotamienne ou égyptienne. Rien dans le sensible, tout dans le dicible.

La philosophie, de même, n'est pas l'exposition d'une expérience subjective ou d'une méditation introspective, car elle se réalise dans l'art du dialogue (la « dialectique[17] »), et plus concrètement dans une joute discursive telle qu'on en lit l'illustration dans les premiers *Dialogues* de Platon.

La mise en œuvre la plus significative de la rhétorique se trouve dans la procédure pénale. Elle ne recourt pas à l'enquête, aux pièces à conviction, aux éléments tangibles, à l'aspect physique des documents,

---

14 Voir Marcel Détienne, *Les Maîtres de vérité dans la Grèce archaïque* (1re éd. 1967).

15 Sur le rapport entre ces trois techniques argumentatives, voir « Trois techniques de vérité dans la pensée grecque. Aristote et l'argumentation » Revue *Hermès*, nº 15 (« Argumentation et rhétorique » 1), CNRS éditions, Paris, 1995.

16 Sur la démonstration dans les mathématiques grecques, la théorie d'un système déductif chez Aristote et sa mise en œuvre chez Euclide, voir « Les principes de la science selon Aristote et Euclide », *Revue de Métaphysique et de morale*, nº 3, juillet-septembre 2000.

17 Sur la dialectique comme technique de vérité, voir « Pourquoi la dialectique ? », in *Logique et dialectique dans l'Antiquité*, dir. Jean-Baptiste Gourinat et Juliette Lemaire, Vrin., 2016.

les matériaux, les scellés, l'écriture, en somme à ce que nous appellerions les « preuves » permettant d'établir les faits. Toutes les preuves sont « logiques », au sens où elles se manifestent dans et par le discours. Les cinq preuves dites « extra-techniques », à savoir la référence aux lois, aux contrats, aux témoignages, aux tortures des esclaves ou aux serments des hommes libres, doivent être intégrées dans le discours des plaideurs comme des éléments persuasifs du discours parmi d'autres. Et le témoin se contente de répéter le logos d'une des parties à sa requête. Tout dire autre que « ce qu'il dit est vrai » ou « je ne sais rien » est exclu : seuls demeurent les deux discours contradictoires qui s'affrontent. La valeur véridique du discours du témoin tient peu à ce qu'il dit – il ne dit d'ailleurs à peu près rien – mais elle tient à tout ce qui le qualifie dans sa qualité d'assistant du plaideur. Celui-ci dit P (ou non-P), celui-là confirme : « P est vrai ». Aux « témoignages » des hommes libres, s'ajoutent les « tortures » (d'esclaves), comme un « défi » lancé par l'une des parties ou une « sommation » faite à l'autre partie. Elles sont elles aussi soumises à des règles procédurales strictes.

En somme : rien dans les faits, tout dans le logos.

c/ Le troisième point commun aux trois techniques est leur aspect dialogique. Une vérité ne peut être établie que par la confrontation réglée des deux discours contradictoires. Tout problème politique, juridique, philosophique, scientifique, doit être réduit à la forme fondamentale – que les *Topiques* d'Aristote nomment justement un *problema* : « S est-il P ou non-P ? » Et les deux *logoi* opposés sont incarnés dans deux interlocuteurs. Dans la procédure judiciaire, ce sont deux orateurs antagonistes. Dans les écoles philosophiques classiques, ce sont deux débatteurs soutenant respectivement une thèse et une antithèse et tentant de mettre leur adversaire en contradiction avec lui-même.

Quant à la démonstration et à l'idéal de construction d'un système axiomatique (en mathématiques, en astronomie, en optique, en mécanique), ils sont la simple formalisation d'une méthode d'enseignement dialogique idéale entre professeur et élève : un professeur sachant tout ce qu'il est possible de savoir, transmettant son savoir à un élève ignorant tout (sauf ce qu'il est impossible d'ignorer : les axiomes) et n'admettant rien que ce qu'il doit nécessairement admettre étant donné ce qu'il a déjà admis. À chaque étape de la démonstration, il lui est seulement demandé de n'admettre que ce qu'il ne peut pas refuser, ne serait-ce que parce qu'il le sait déjà. L'élève ne concède rien a priori, il se refuse même aux évidences, il ne croit pas aux *faits.* Il ne croit pas non plus le professeur, il ne se fie pas à lui. Il n'a pas d'opinion propre, il est sans idée. Il ne peut admettre que ce qu'il a déjà dû admettre – sans jamais pouvoir se contredire. Et de démonstration en démonstration, l'élève « apprend », sans que rien lui soit enseigné, depuis son état d'ignorance initiale quasi absolue jusqu'à l'état de savoir total, c'est-à-dire jusqu'au point où son savoir égale celui du professeur. Ce savoir idéal forme alors un système déductif parfait – ce que nous nommerions une « axiomatique ».

Dans les trois cas, la procédure véridictionnelle consiste à donner aux deux discours contradictoires les mêmes chances (temps égal et mesuré), les mêmes droits, la même possibilité de triompher de l'autre et donc de s'imposer à tous. La contradiction joue ainsi deux rôles procéduraux : elle est à la fois le signe du faux et l'épreuve du vrai. Signe du faux parce qu'un discours qui se contredit lui-même est nécessairement faux. Preuve du vrai parce qu'un discours ne peut être reconnu comme vrai que s'il s'est affronté à son discours contradictoire et s'est imposé à lui.

d/ Le quatrième point commun à ces trois techniques dialogiques est leur critère de vérité. Un discours ne peut être reconnu comme vrai que s'il est reconnu tel par celui à qui il est adressé : l'adversaire de la joute dialectique (dont la thèse est réfutée, ce qui prouve indirectement que son antithèse est vraie, selon le principe du tiers-exclu) ; les juges du Tribunal ou le peuple assemblé, tranchant entre les discours opposés des orateurs ; l'élève, seul juge de la vérité du discours du professeur. C'est comme si, en lieu et place de la « règle de l'évidence » propre à la raison « monologique » de Descartes (« ne jamais reconnaître une chose pour vraie, que je ne la connusse évidemment être telle », *Discours de la méthode* 2), le principe de la raison dialogique était le suivant : « ne jamais reconnaître une chose comme vraie que l'autre – à qui je m'adresse– ne la reconnaisse être telle ».

La raison dialogique est donc au principe des institutions démocratiques (Assemblée ou Tribunal), de l'argumentation philosophique et de la science démonstrative. Certes, cette raison-là a ses limites. Car toutes les œuvres de la raison humaine ne peuvent pas lui être attribuées. Par exemple, il n'y eut pas de physique mathématique en Grèce ancienne au sens moderne, hormis peut-être en astronomie. La contrepartie négative de la raison dialogique, c'est qu'elle excluait la possibilité d'une physique expérimentale. Il n'y eut pas, et il ne pouvait pas y avoir, un Galilée en Grèce ancienne.

Comme toute science, une « science grecque » est un système théorique d'explication rationnelle du réel. Mais la raison scientifique dont il s'agit n'est pas celle de Descartes ou de Galilée. Ce n'est pas la « puissance de juger et de distinguer le vrai du faux » (Descartes) mais la puissance d'argumenter et donc de convaincre *autrui* du vrai et du faux. Ce n'est pas un mode de pensée propre à l'esprit mais un mode d'argumentation propre à concilier les esprits. Elle n'est pas « la chose du monde la mieux partagée » comme la raison cartésienne, mais la chose qui permet le partage – dialogue ou duel. Elle est éminemment logique, mais parce qu'elle est dialogique et non monologique.

La raison dialogique a donc permis la démonstration pour la même raison qu'elle a interdit la physique mathématique. Elle pouvait inventer la démocratie et connaître un Périclès. Elle pouvait inventer l'idée de système déductif et connaître un Euclide, mais elle ne pouvait pas inventer l'idée de « loi de la nature » et connaître un Galilée. Il fallait pour cela une autre raison, qui se mariait d'une autre façon avec l'expérience, la raison monologique, celle qui serait théorisée par Descartes et mise en œuvre par la science classique.

La raison ancienne (dialogique) et la raison classique (monologique) se retrouvent donc à égalité : Euclide contre Galilée. Il n'y eut pas de Galilée parce qu'il y eut un Euclide ! Un point partout, donc. L'idéal scientifique n'a aucune raison de choisir entre les deux.

Une même opposition entre raison monologique (moderne) et raison dialogique (ancienne) est à l'œuvre en métaphysique.

RAISON DIALOGIQUE, RAISON MONOLOGIQUE ET MÉTAPHYSIQUE[18]

La métaphysique est née deux fois. Une fois dans l'Antiquité, dans le recueil de textes d'Aristote qui nous est parvenu sous le nom de *Métaphysique* ; une fois, aux temps modernes, dans les *Méditations métaphysiques* de Descartes. En dépit du gouffre qui les sépare, les métaphysiques ancienne et moderne partagent un trait essentiel : elles formulent « les premiers principes » de toutes les sciences. Pour Aristote, c'est sur la métaphysique, dans sa définition ontologique (« science qui étudie l'être en tant qu'être »), que reposent toutes les autres sciences, celles qui étudient l'être en tant que quantité (les mathématiques) comme celles qui étudient l'être en tant que muable (les physiques), car en deçà de leurs principes propres, elles se fondent toutes sur des principes communs, ceux de l'ontologie : ce sont les principes de contradiction et de tiers exclu. Ils sont vrais de tout être, quel qu'il soit. Pour Descartes, c'est sur la métaphysique que se fondent toutes les connaissances accessibles à l'homme, et notamment la science physique, parce que, sans la certitude de l'existence d'un Dieu vérace, aucune connaissance ne pourrait être fondée en raison. Et le principe de la métaphysique elle-même, c'est le cogito qui est « le premier principe de la philosophie que je cherchais » (*Discours de la méthode*). Comme le principe de contradiction pour Aristote, le cogito est donc pour Descartes à la fois le premier principe de la métaphysique et celui de toute science possible.

On mesure donc la charge considérable qui pèse sur ces deux énoncés : « il est impossible que la même chose à la fois soit et ne soit pas » et « je pense, je suis ». Toute vérité possible en dépend. Encore faut-il qu'eux-mêmes soient vrais, sans quoi tout l'édifice de la connaissance humaine s'écroulerait… et le sceptique triompherait. Or le principe est indémontrable puisque toute démonstration en suppose la vérité. Comment s'en sortir ? Aristote et Descartes trouvent une solution analogue : le recours à un sceptique imaginaire justement, et le plus radical possible. Un adversaire absolu qui en viendrait à nier l'évidence

18 Nous résumons ici notre étude : « Les deux voies de la métaphysique : le premier principe d'Aristote et celui de Descartes », *Penser avec les Anciens*, chap. 2.

apodictique du principe mais finirait vaincu par la radicalité même de sa posture. Pour Aristote, le principe de contradiction résiste au plus exigeant des sophistes, celui qui refuserait d'affirmer quoi que ce soit. Car pour ce faire, il parle, dit quelque chose qui a un sens et un seul pour lui-même et pour celui à qui il s'adresse : il doit donc concéder que la chose dont il parle ne pourrait pas en même temps ne pas être ce qu'elle est (*Métaphysique*, livre Gamma, 4). Et Descartes, de son côté, montre que le cogito résiste à « certain mauvais génie, non moins rusé et trompeur que puissant, [qui emploie] toute son industrie à me tromper » (*Première méditation*) :

> Il n'y a donc point de doute que je suis, s'il me trompe ; et qu'il me trompe tant qu'il voudra, il ne saurait jamais faire que je ne sois rien, tant que je penserai être quelque chose (*Deuxième méditation*).

La vérité absolue du principe s'établit par l'impossibilité de sa négation.

Le principe métaphysique résiste *de fait* au dénégateur universel ; il est *de droit* ce qui résiste à la supposition de sa propre fausseté. La preuve de sa vérité, c'est l'affirmation qui résulte du fait que, au second degré, on en soutient la vérité, selon la réflexivité de l'esprit (Descartes) ou selon la dialectique de la parole (Aristote). De là une opposition : le sujet ancien du savoir *dialogue* et trouve la garantie de ses assertions dans l'accord de l'autre –accord ici nécessaire qui résulte du seul fait de parler à autrui – autrement dit de l'humaine faculté de langage. Le sujet moderne *médite* et bute contre l'évidence de ses propres propositions, en particulier sur celle, absolue, qui résulte de la seule réflexivité du « je » – autrement dit de l'humaine faculté de penser. Pour le premier, la pensée est le repli de l'extériorité sur elle-même, pour le second le langage est le déploiement de l'intériorité hors de soi. Il y a là une alternative entre deux manières – les deux seules possibles – pour la raison (« ancienne » ou « moderne ») de prétendre à l'auto-fondation : la raison dialogique est auto-fondée parce qu'elle est dialogue, la raison monologique est auto-fondée parce que la conscience est réflexive. Les deux modes d'auto-fondation de la raison sont les seuls possibles parce qu'elle peut être pensée soit « monologiquement » comme conscience qui s'extériorise dans le discours, soit « dialogiquement » comme discursivité qui s'intériorise dans la pensée. Tout tiers est exclu.

Il n'y a donc pas à « choisir » la métaphysique ancienne contre la métaphysique moderne – ou l'inverse. Notre époque n'a nul besoin d'une métaphysique pour fonder la connaissance scientifique. L'ontologie de *Dire le monde* ne « fonde » pas la connaissance scientifique du réel, lequel est multiple et hétérogène ; elle nous dit ce qu'il y a dans notre monde humain, lequel est un ordre total et commun. Ma définition de l'homme (« animal dialogique »), si elle renoue avec une conception ancienne du logos, n'a donc aucun engagement particulier vis-à-vis de la métaphysique aristotélicienne. En revanche, le caractère auto-fondé des deux « principes » de la raison leur donne une place essentielle dans le *dire* du monde humain. Ils en assurent conjointement la spécificité. La distinction du sujet et du prédicat, nécessaire à toute assertion, est le corrélat positif du principe de contradiction ; de même la nécessité d'un « je » à l'origine de toute pensée est le corrélat positif de la réflexivité du cogito. L'un et l'autre sont donc, selon *Dire le monde*, les conditions de l'échange réciproque, et plus précisément de ce que j'ai nommé respectivement le « langage-monde » (dire quelque chose de quelque chose) et la « parole-monde » (s'adresser à quelqu'un). Je les ai nommés les deux « principes transcendantaux de toute énonciation[19] ». Le grand principe métaphysique d'Aristote (le principe de contradiction) n'est qu'une condition du *langage* : pour que nous puissions nous parler, il faut que des choses non-contradictoires et permanentes existent. Ainsi nous apparaît le monde parce que nous en parlons. De même, le grand principe métaphysique de Descartes (je pense, je suis) n'est qu'une condition de la *parole*. Pour que je puisse parler, il faut que j'existe, et plus généralement, qu'il existe quelque esprit pour pouvoir parler du monde. Il y a un « je » au monde parce qu'il y a quelqu'un qui, en parlant du monde, peut *se* dire. Voilà pourquoi ces deux principes sont bien des principes. Ce sont nécessairement des vérités *premières* puisque toute assertion n'est possible que sous la condition de celle-ci : rien ne peut être dit sans un locuteur pour le dire (qui existe au moins en tant qu'il se dit), rien ne peut être dit de quelque chose sans présupposer que ce quelque chose est bien quelque *chose* (qui existe au moins en tant qu'on en parle). Ces principes ne se fondent que sur eux-mêmes : ils ne font qu'expliciter ce que le langage ou la parole, par leur seule existence, disaient déjà : nous affirmons (ou nions) P de S. Il y a donc

19 Voir *Dire le monde*, 2020, p. 296.

nécessairement des choses non-contradictoires pour que quelque chose puisse en être dit. Je suis : il y a donc nécessairement un « je » pour que quelque chose soit dit.

Sur la question des principes de la métaphysique, la raison ancienne (monologique) et celui de la raison classique (dialogique) se retrouvent là encore à égalité dans la métaphysique anthropologique que je soutiens dans *Dire le monde*. Là encore, un point partout. Donc : deux à deux.

LE SPECTRE DE L'IDÉALISME OU LE CRITÈRE DE VÉRITÉ

Opposer raison monologique et raison dialogique s'avère fructueux. Non seulement les métaphysiques classique et ancienne ne se fondent pas sur les mêmes principes, mais elles ne rencontrent pas les mêmes problèmes. Plus exactement, leurs cônes de lumière ne sont pas orientés de la même façon. Ce qui est central pour l'une demeure dans l'ombre pour l'autre.

De Descartes à Kant, un problème est crucial : l'objectivité. Autrement dit, un spectre hante la métaphysique classique, celui de l'idéalisme[20]. Le cogito, c'est bien, à condition d'en sortir. Mais comment ? Descartes est obligé d'en passer par Dieu – et pas n'importe lequel, un Dieu si bon qu'il est forcément véracee – pour retrouver le monde, et il lui faut attendre la *Sixième méditation* pour enfin toucher terre. C'est bien normal : si tout ce qui existe ne m'est accessible que comme représenté en moi, comment pourrais-je savoir qu'il y a quelque chose hors de moi ? Toutes les preuves qui m'en seront données demeureront elles aussi internes à ma pensée. Par définition, je ne peux jamais penser que ce qui est pensable. Berkeley en a tiré toutes les conséquences. Il est en effet impossible, remarque-t-il, de savoir s'il existe quelque chose hors de la pensée, puisque tout ce qui est conçu comme existant hors de l'esprit, est conçu par l'esprit. Même Kant et son « idéalisme transcendantal » n'échappe pas à cette « métaphysique de la représentation » : par

20 Ma position est bien analysée dans les pages ci-dessus p. 42-43 qui renvoient à « De l'inévitabilité rationnelle de l'idéalisme à la nécessité logique du réalisme », *in* Emmanuel Alloa et Élie During (éd.), *Choses en soi, Métaphysique du réalisme*, PUF, coll. MétaphysiqueS, 2018.

définition, nous ne pouvons pas *connaître* ce qui échappe à nos moyens de connaissance. Nous n'avons accès qu'à des « phénomènes » : ce n'est pas une limitation de la connaissance, c'est sa définition. Le monde « en soi » est donc une hypothèse inutile à la raison. Je résume l'appel irrésistible de l'idéalisme par la formule : « Va voir là-bas si j'y suis, dit le monde – et il y est si et seulement si nous y sommes ». Mais dès lors que la métaphysique rationnelle a mis le doigt dans cet argument irréfutable, l'engrenage devient infernal. Car, pour la même raison, il est impossible à l'esprit rationnel de prouver qu'il y a d'autres esprits que lui-même puisqu'ils sont forcément conçus par lui. Les « autres esprits » sont donc une hypothèse inutile à la raison. « Va voir là-bas si j'y suis, me dit l'autre : mais il est en moi, toujours en moi. » Je suis donc seul au monde. Au moins, me dis-je, ou plutôt pensé-je, *je* suis ! Pas même, pensé-je, car tout ce que je sais, c'est que je suis si et quand seulement j'y pense, à savoir maintenant. Plus généralement, tout ce que je sais du passé, je ne le sais qu'au présent. « Va donc penser si j'y étais, me dis-je. Mais si je pense que j'y étais, c'est que présentement, je suis ». Le passé et le futur sont donc des hypothèses inutiles à la raison. Que reste-t-il du monde ? Rien. Je suis seul, non pas au monde mais *sans* monde ; et même, sans *moi*, parce que, sans passé ni futur. Je ne suis que l'éclair d'un instant. N'est-ce pas là ce qui s'appelle folie et non raison ? La folie pure. Un autre nom de la raison pure, une raison livrée à elle-même, sans corps, sans monde, sans autrui, sans passé. Tel est le cauchemar de la raison monologique : ce dans quoi elle sombre en étant livrée à elle-même. Tel est le risque que court « l'animal rationnel » : la folie.

Tout change au contraire si l'on se donne la raison dialogique. C'est pourquoi la philosophie ancienne n'a jamais sombré dans l'idéalisme, elle ne l'a jamais rencontré, elle ne pouvait pas même le penser. Car la raison dialogique mène au réalisme du moi (je sais que j'existais et que je suis le même que j'étais par le fait même de me référer à « moi »), au réalisme des autres (je sais que toi à qui je parle tu existes) et au réalisme du monde (je sais que ce monde dont nous nous parlons existe hors de nous) aussi certainement et nécessairement que la raison monologique mène à l'idéalisme, au solipsisme et au présentisme. Nous nous parlons du passé et nous pouvons nous référer aux mêmes souvenirs : il existe hors de moi puisqu'il a existé pour nous. Et je sais qu'il y a (objectivement) d'autres esprits à qui je peux parler (interlocutivement) et un monde dont je peux parler (objectivement et interlocutivement) avec eux : j'aurais beau affirmer que je n'ai aucune preuve qu'il y a d'autres esprits, si je l'affirme, c'est que je suppose que d'autres esprits peuvent l'entendre et l'admettre. À qui pourrais-je dire mon solipsisme ? Qui pourrais-je en convaincre sans que mon dire contredise mon dit ? De même, il suffit que nous nous parlions de *quoi que ce soit* pour en reconnaître l'existence *objective* hors de nous : de quoi parlons-nous si ce n'est de *ceci* qui nous est forcément commun ? Le spectre de l'idéalisme, du solipsisme et du présentisme est donc a priori écarté par le simple fait que nous pouvons nous parler. Le triangle de la raison dialogique l'exclut[21]. L'objectivité est une donnée immédiate de l'interlocution. Corollairement, autrui est donné dans l'acte même par lequel je lui parle du monde.

Cette fois la définition de l'homme comme « animal dialogique » prouve sa supériorité sur l'« animal rationnel » (monologique) : il ne risque pas la folie de se retrouver sans monde, sans autrui et sans passé. Sur cette question – celle du réalisme – la raison dialogique marque le point. Trois-deux, donc. Pour l'instant, du moins…

LA RAISON, LE MONDE ET LE RÉEL

Sur un autre plan, la raison monologique tient sa revanche. Car elle permet la connaissance scientifique du « réel », alors que la raison dialogique permet bien de dire le « monde », mais guère plus : elle ne nous permet pas de connaître la réalité car elle demeure enfermée dans le monde, c'est-à-dire dans tout ce que nous pouvons en dire.

J'ai en effet soigneusement distingué le monde et le réel (ou la réalité)[22]. Le monde, nous ne cessons d'en parler, mais nous ne savons pas vraiment ce qui est réel. Nos sens nous permettent de l'entrevoir mais leur

21 Il en va de même du triangle pré-linguistique de l'attention conjointe. Sans ces triangles qui définissent son rapport au monde, l'animal demeure enfermé dans ses représentations. C'est la thèse d'Étienne Bimbenet de l'idéalisme animal : voir *L'invention du réalisme*, Cerf, 2015, chap. VIII, « La psychogenèse du réalisme ».

22 Voir ci-dessus, p. 39-41. Voir aussi *Dire le monde*, éd. 2020, Préface, p. 12-19. Je suis revenu sur cette distinction dans l'édition Hachette-Pluriel et notamment dans ma réponse à C. Ulises Moulines, p. 426-432.

témoignage est inséparable des concepts déterminés par le langage. Comment le réel nous apparaîtrait-il si nous étions dotés de sens plus puissants, ou d'autres sens, si par exemple nous le percevions par odorat et écholocation ? Les théories scientifiques sont le meilleur moyen de connaître la réalité. Elles sont le fruit de la confrontation du raisonnement *monologique* (déduction, inférence) avec *l'expérience* variée que nous pouvons faire des réalités. L'idée de « loi de la nature » exprimant les relations constantes et réglées entre phénomènes, naît de cette confrontation. C'est elle qui permet de penser que la nature est écrite en langage mathématique, selon le mot de Galilée. Ces théories portent sur ce qu'il y a *en réalité*, et elles ont la formidable ambition de nous la faire connaître. La connaissance est l'accord de nos concepts et de nos théories avec les différentes expériences que nous pouvons faire du réel, par les sens, et au-delà des sens, par toutes les formes possibles d'expérimentation. Mais aucune science, aucune théorie, ne nous donne accès à l'ensemble de la réalité comme tel, comme si elle était un monde, alors que le langage humain, toute langue, nous donne accès à un ordre total et qui nous est commun. Chaque science, et même chaque théorie, a ses objets, ses méthodes d'investigation, ses instruments de collecte des données, sa manière rationnelle de les interroger et de les confronter entre elles. On a beau connaître de mieux en mieux la composition de toute la matière, ce n'est pas avec des bosons et des quarks (qui sont pourtant *réels*) que nous pourrons expliquer les mécanismes *réels* de la reproduction des plantes, la croissance de l'embryon dans l'utérus maternel, les lois de l'économie de marché ou le système phonétique de la langue arabe. Car chaque théorie repose sur une expérience particulière dont elle infère les entités dont elle doit admettre l'existence : particules, atomes, événements, cellules, gènes, espèces, neurones, ou encore marchandises, classes sociales, phonèmes, morphèmes, etc. Et ces entités sont en général irréductibles les unes aux autres, sauf à la marge et pour un temps, en attendant la prochaine révolution scientifique. Nous n'avons accès, au mieux, qu'à des fragments de réalité qui ne s'ajustent pas, en dépit de l'effort permanent des scientifiques pour raccorder, à la marge, tel bout du réel à tel autre, macrocosme et microcosme, physique et chimie, chimie et biologie, biologie et neurosciences, neurosciences et psychologie, etc.

Au contraire du réel, dispersé, fragmentaire, peut-être incohérent, le monde nous est donné d'emblée comme un ordre total et commun. De même que les connaissances que nous pouvons avoir du réel sont des effets de la mise en forme de l'expérience par la raison monologique, la conception que nous avons du monde comme d'un ordre total et commun est l'effet de la mise en ordre de l'expérience par la raison dialogique. Car le monde est un ordre : il n'est pas contradictoire, parce que (et c'est le point de départ de *Dire le monde*) nous ne pourrions pas en parler. Il est donc fait de *choses* dicibles. C'est même la définition d'un monde : une totalité cohérente. Une seule contradiction et c'est la fin du monde, ou ce sont deux mondes distincts. Le monde nous est aussi commun. Nous autres humains vivons tous dans le même monde, commun à tous ceux qui peuvent en parler pour pouvoir en parler. La réalité, du moins celle que nous pouvons connaître, n'est pas un ordre total et commun. Et pourtant nous postulons implicitement que ce que nous nommons réel *devrait* être comme un monde, total, ordonné, commun à tous ceux qui y vivent.

Ce que la raison dialogique gagne du côté du monde, elle le perd donc du côté du réel. Le fait que le logos ne permet pas de penser l'objectivité comme un *problème* n'est que l'envers du fait qu'il associe toujours objectivité et interlocutivité. Mais il y a un prix à payer : s'il n'y a pas de problème de l'objectivité, il y a un *problème* de la connaissance du réel – et pour les mêmes raisons. Puisque les deux interlocuteurs du dialogue parlent de la même chose et n'en disent pas les mêmes choses (par définition du logos et de la structure prédicative), comment départager « les deux *logoi* en opposition » et savoir lequel dit vrai ? C'est le problème des techniques de vérité : tout dans le logos, rien dans l'expérience. Tout dans la contradiction des *logoi*, rien hors d'eux. Rien en tout cas qui permette de trancher, si ce n'est le logos d'un tiers.

La raison dialogique nous permet de dire le monde qui nous est commun parce que nous nous en parlons. Mais elle ne nous permet pas de connaître le réel : en effet, elle n'en fait jamais l'expérience par elle-même puisqu'elle n'a affaire qu'à l'objectivité partagée. Car le réel ne fait pas monde. La raison monologique échappe à cet enfermement : elle n'implique pas une confrontation interne entre *logoi* mais la confrontation réglée avec l'expérience externe. C'est ce qu'on nomme les théories scientifiques, lesquelles ne sont pas des techniques de vérité.

En fait, c'est la menace constante de l'idéalisme qui a permis à la pensée classique d'aller à la conquête tous azimuts du réel selon les manières de rationaliser l'extrême diversité de l'expérience humaine. Pour le dire dans les termes kantiens : le réalisme empirique est le corrélat de l'idéalisme transcendantal. La raison monologique (Kant dirait « l'entendement », *Verstand*) peut se marier avec les expériences d'un *réel* indéfini au-delà de la clôture du *monde* dont nous pouvons nous parler. Elle peut concevoir l'univers infini, mathématiser la nature comme un tout, postuler qu'elle obéit à des régularités rationnelles qui sont comme des lois réglant les rapports humains, mais aussi concevoir le vivant et même l'humain comme soumis eux aussi à des relations constantes et réglées obéissant à la rationalité de l'esprit humain. La science moderne n'est plus conçue comme un savoir mais comme une aventure, une histoire, une enquête indéfinie, une conquête inachevable – ce qui, pour un Ancien, serait la négation même du savoir et la définition du scepticisme. (Qu'est-ce qu'un sceptique pour un Ancien ? un chercheur – *zetetes* !). La science moderne peut être conçue dans l'extrême variété de ses disciplines et surtout dans la diversité de ses théories coexistantes, nullement en accord les unes avec les autres et dont aucune ne triomphe argumentativement sur l'autre, mais qui s'accordent toutes avec la diversité de l'expérience. Cette idée moderne de la science n'a pas de sens dans l'Antiquité.

Je n'ai donc pas eu à choisir entre le réalisme des Anciens et la science au sens moderne du terme. J'ai admis les deux. Mon entreprise est contemporaine : métaphysiquement réaliste et scientifiquement pluraliste. L'ontologie de *Dire le monde* est réaliste à la manière ancienne parce qu'elle se borne au monde, c'est-à-dire à tout ce que nous pouvons nous en dire, mais elle n'exclut pas le réel, lequel demeure l'horizon de toute connaissance notamment scientifique. Connaître toute la réalité, la réalité comme un monde, tel est l'objectif de la « science achevée ». Ce serait ce que j'ai nommé « le monde vu de nulle part[23] ».

Cette fois non plus, nous n'avons pas à choisir entre raison monologique et raison dialogique. Elles se partagent la diversité de l'expérience : à l'une, celle qui nous permet d'entrevoir le réel grâce aux sciences. À l'autre, celle qui nous permet d'habiter dans le même monde grâce au langage. Un point partout. Et finalement trois à trois.

23 Voir *Plaidoyer pour l'universel*, Troisième partie, chap. 10.

DE L'HOMME AU BIEN

Mais parce qu'elle nous permet de vivre tous dans le même monde, il y a un domaine où la raison dialogique l'emporte sur la raison monologique : c'est l'éthique[24]. Je rejoins ici mon point de départ. La définition de l'être humain comme « animal dialogique » ne sépare pas individu et collectivité. Nous acquérons cette faculté au travers de nos relations sociales et morales. L'humanité n'est pas seulement une espèce, un ensemble d'individus, c'est aussi une qualité qui se trouve en chacun d'eux : nous sommes tous humains et nous le sommes tous également.

La déduction de l'éthique universelle à partir de la définition de l'homme occupe toute la troisième partie du *Plaidoyer pour l'universel*. Il n'est pas question de la refaire ici. Je me limiterai à rappeler la pointe de l'argument permettant de fonder une éthique de l'égalité et de la réciprocité, ce que j'appelle l'humanisme. La raison dialogique réussit là où la raison monologique échoue[25].

J'imagine d'abord une communauté humaine constituée d'êtres dotés de raison monologique et réduits à elle. Ils ignorent quelles personnes réelles ils seraient dans le monde où ils seraient amenés à vivre. Ces êtres de raison pure pourraient d'abord adopter un raisonnement à la Hume : « je ne peux que calculer les meilleurs moyens de satisfaire mes éventuels désirs, mes souhaits, mes besoins. La seule règle rationnelle valable que je dois appliquer est de toujours à agir au mieux de mes intérêts. » Et comme tous pensent de même, ils parviennent à la maxime suivante : « chacun devra maximiser ses avantages et à minimiser ses inconvénients ». Cette règle rationnelle serait celle d'une éthique autocentrée. On peut aussi imaginer qu'ils feraient un raisonnement à la Kant. Chacun se dirait : « comme je ne peux savoir quels seraient mes désirs, mes souhaits, mes besoins dans le monde réel, la seule règle rationnelle est celle qui est valable pour tout un chacun. » Et comme tous pensent de

---

24 Dans les pages qui suivent, je ne développe pas d'autres aspects essentiels de l'éthique que je défends, notamment la notion d'« interrogatif éthique » bien analysée ci-dessus p. 51-53 celle de liberté (voir p. 96-98), la différence morale-éthique, ainsi que mes analyses de la question du « mal » (voir p. 58 *sq.*). Je fais aussi l'impasse sur la question politique (la démocratie, le cosmopolitisme, etc.) fort bien analysée ci-dessus p. 73 *sq.*

25 Voir *Plaidoyer*, Troisième partie, chap. 11.

même, ils parviennent à la maxime suivante : « chacun agira toujours en sorte que la règle de son action puisse devenir une loi universelle ». Ce serait cette fois une éthique allocentrée. Aussi rationnelle que la précédente mais incompatible avec elle. La raison monologique se révèle donc impuissante à fonder l'éthique. Elle est divisée contre elle-même.

J'imagine ensuite une communauté analogue à la précédente mais constituée d'êtres dotés de raison dialogique et réduits à elle. Comme dans le cas précédent, on leur demande de déterminer le bien des personnes qu'ils seraient dans le monde réel où ils devraient vivre. Ils dialoguent, discutent, argumentent. Ils opposent le pour et le contre et s'opposent les uns aux autres. Ce faisant, ils coopèrent afin de trouver un terrain d'entente. Ils prennent conscience que leur communauté d'interlocution est aussi une communauté morale (premier principe). Ils s'aperçoivent que dans la situation où ils se trouvent, ils sont égaux (deuxième principe). Mais ils savent qu'il n'en ira pas de même dans le monde réel où ils vont cohabiter. Ils seront forcément inégaux sur le plan physique, moral, intellectuel, etc. C'est là que commence le problème éthique... Aucun principe moral autocentré ne peut les satisfaire, qui pourrait être avantageux pour les puissants mais risquerait d'être fatal dans le cas contraire. Mesurant qu'ils sont tous susceptibles d'être vulnérables, ils finissent par avancer un principe moral allocentré. Mais ils réalisent bientôt que ce principe n'est pas réaliste. Car il serait facilement appliqué par ceux qui seraient naturellement généreux ou altruistes, mais non par les autres. Ils comprennent qu'ils doivent renoncer tout autant aux principes moraux centrés sur la réussite ou le bonheur personnels, qu'à ceux centrés sur le dévouement exclusif aux autres. Il leur faut trouver un principe neutre qui ne soit ni autocentré ni allocentré. Il permettrait à chacun de « voir le monde de toutes parts » – ce qui est ma définition de l'éthique. Un principe contractuel fera donc l'affaire : le contrat d'humanité. Il n'a d'autre contenu que sa forme, celle d'un engagement mutuel et réciproque. En deux règles. Une négative : tous s'engagent à ne pas agresser les autres à condition que tout le monde en fasse autant. Une règle positive : ils s'engagent à aider les autres, dans la mesure du possible, à condition que tout le monde en fasse autant. Ils s'accordent donc sur une *éthique de la réciprocité.*

Cette éthique humaniste évite les dilemmes ordinaires des philosophies morales. Elle se situe en deçà de la distinction entre deux sens du « bien », le bien pour soi (« être bien »), *l'agathon*, et le bien d'autrui (« faire le bien »), le *kalon* ; et donc en deçà de la division entre « morales du bonheur » – de la première personne – comme sont la plupart des morales antiques, et « morales du devoir » – de la deuxième personne – plus fréquentes chez les Modernes. Elle se situe aussi en deçà de la distinction reçue en psychologie morale entre conduites égoïstes et altruistes. Celui qui applique la règle de réciprocité parce qu'il se dit : « je pourrais être *lui*, j'aurais pu être *elle* ; j'ai été vulnérable comme cet enfant, je serai vulnérable comme ce vieillard », agit-il par égoïsme ou par altruisme ? Par égoïsme, puisqu'il ne pense aux autres qu'à travers soi ? Ou par altruisme puisqu'il pense aux autres comme ils se pensent eux-mêmes, à la première personne ? Le contrat d'humanité se situe en deçà de cette distinction. Les égoïstes respectent la règle de réciprocité parce que c'est *bon* pour eux : ils ont intérêt à ce qu'on ne leur nuise pas et qu'on les aide en cas de besoin. Et les altruistes respectent la règle de réciprocité pour exercer leur dévouement aux autres ou leur amour du prochain. C'est *beau* pour eux. Dans les deux cas, la règle de réciprocité est la même. L'expérience de pensée de mes « discutants impartiaux » rend vaine toute distinction entre conduite intéressée et désintéressée, puisque chacun s'y considère de façon impersonnelle : tout moi est un toi et tout toi est un moi, et tous/toutes sont des eux/elles comme je le suis pour eux/elles.

Cette éthique de la réciprocité réconcilie aussi les morales utilitaristes, les morales déontologistes et les morales de la vertu, c'est-à-dire les trois types de morale qu'on distingue habituellement. Car le contrat d'humanité institue la règle la plus bénéfique à tous et à chacun : il est donc utilitariste. Mais il s'énonce aussi sous forme d'un devoir qui s'impose absolument à chacun : sa règle est donc déontologique. Conciliant les vertus autocentrées (prudence, tempérance, simplicité, etc.) et les vertus allocentrées (amour, justice, générosité, etc.), c'est aussi une éthique de la vertu.

Tel est l'effet de la raison dialogique, par opposition à la raison monologique. Cette raison-ci est moralement divisée contre elle-même entre bonheur et moralité, celle-là les réconcilie dans une éthique de l'égalité et de la réciprocité qui se déduit de la définition de l'être humain.

Deux autres conséquences se tirent de cette même définition : une conséquence ontologique (qu'y a-t-il dans le monde ?) et une autre esthétique (quels sont les arts ?)

DE L'HOMME AU MONDE

Dans *Dire le monde* et dans *Le monde selon FW*, l'être de l'homme se déduit de l'être du monde. Je fais ici le chemin inverse[26].

L'être humain est défini par la raison dialogique. Celle-ci est à son tour définie par l'union de la relation d'objectivité (parler de) et de la relation d'interlocution (parler à). Pour pouvoir parler objectivement de quelque chose, il faut qu'il y ait dans le monde des « choses » non-contradictoires qui sont et demeurent ce qu'elles sont : ce sont des sujets fixes de prédication. Et pour que nous puissions nous dire quelque chose de ces sujets, il faut des prédicats variables. Ils nous permettent de nous contredire les uns les autres. Telle est, on l'a vu (voir ci-dessus, p. 122) la fonction pragmatique de la négation : permettre l'interlocution. Mais cette même négation permet aussi à la parole de s'adapter aux conditions variables de l'objectivité : les mêmes choses changent avec le temps. À la distinction syntaxique des sujets et des prédicats, correspond ainsi la distinction sémantique des noms et des verbes[27], le verbe étant généralement la catégorie assurant ces deux fonctions des prédicats. Ainsi le monde est composé de choses non-contradictoires pour que nous puissions en parler, mais il admet néanmoins la contradiction pour que nous ayons quelque chose à nous en dire ou qu'elles puissent être dites changer.

Telle est la première vague qui permet de passer du langage au monde : il y a au moins deux types d'entités, des choses et des événements. Mais choses et événements n'ont pas le même mode d'être : les uns subsistent, les autres adviennent. On ne les explique donc pas de la même façon. Les choses, on en rend raison en demandant ce qu'elles sont. On dit leur essence, et elle est supposée fixe afin qu'on puisse se référer à elles. Les événements, on en rend raison en demandant pourquoi ils arrivent. On dit leur cause, et celle-ci renvoie à une autre cause, et ainsi de suite à l'infini.

---

26 Les développements qui suivent résument à grands traits l'ontologie de *Dire le monde*, bien analysée ci-dessus, p. 15 *sq.*

27 Sur l'homologie entre sujets/prédicats et noms/verbes, voir ci-dessus, p. 21, et *Dire le monde*, 2020, Préface p. 22-25 et Réponse à Bernard Sève, p. 577-579.

Mais il y a une deuxième vague d'entités. Car il ne suffit pas qu'il y ait dans le monde des choses dont on puisse parler et des prédicats qu'on puisse en dire, il faut encore qu'il y ait des personnes qui puissent en parler et en dire quelque chose. On passe ainsi de l'ontologie du langage, qui se tire de la « structure prédicative », à l'ontologie de la parole, qui se tire de ce que j'appelle la « structure indicative ». Parler du monde, c'est pouvoir s'indiquer soi-même par un « je », qui désigne une personne se sachant « au monde » (plutôt que *dans* le monde) ; et c'est pouvoir s'adresser à un autre au moyen d'un autre indicateur[28] « tu », qui désigne une personne également au monde.

En un sens, les personnes sont comme des choses. Elles sont et demeurent ce qu'elles sont comme si elles étaient fixes et permanentes : c'est ainsi que chacun se pense dans son identité. C'est aussi ce qui permet de rendre raison des personnes à la troisième personne : *qui* est-ce ? Mais en un autre sens, les personnes sont sans cesse variables, en partie imprévisibles, elles ne sont jamais enfermées dans une identité telle qu'on puisse en déduire toutes leurs propriétés ou les événements dont elles sont causes.

Car les personnes sont causes de certains événements qui, parce qu'ils sont causés par des personnes et non par d'autres événements, ne sont pas appelés des événements mais des actes.

En un sens les actes sont comme des événements. Ils existent comme eux : ils adviennent. Et on en rend raison de la même façon : en demandant *pourquoi ?* Mais en un autre sens, ils ne sont pas des événements parce qu'ils sont causés par des personnes.

En sorte que acte et personne ne constituent pas deux entités distinctes. Car décider qu'un événement est un acte, c'est attribuer sa cause à une personne. Inversement, décider qu'une chose (une forêt, un fleuve, un enfant, le Ciel, etc.) est une personne, c'est lui attribuer des événements comme étant ses actes. La distinction entre personne et chose, ou entre événement et acte, n'est jamais claire ni indiscutable. Elle est l'objet de controverses culturelles, morales, juridiques et philosophiques.

Telle est, brièvement résumée, toute l'ontologie de *Dire le monde* : il y a des choses, des événements et des personnes agissantes. Au contraire de la réalité, dont les éléments constituants ne peuvent se déduire de

28 Je renvoie à la p. 53 qui montre bien l'importance que j'accorde à la notion linguistique d'« indicateur » (dit aussi « indexical »)

rien, parce qu'ils sont postulés comme entités de base de telle ou telle théorie scientifique (particules, atomes, cellules, gènes, marchandises, classes sociales, etc.), les éléments constituants de base du monde se déduisent des conditions du langage humain et donc des conditions de coexistence des animaux humains.

Et de cette ontologie, j'ai déduit, dans la quatrième partie de *Pourquoi la musique ?*, une esthétique bien résumée ci-dessus[29] et rappelée à grands traits ci-dessous.

LES TROIS TYPES DE REPRÉSENTATION

Je différencie trois *genres d'art* comme les *trois sommets du triangle de la représentation* et correspondant aux trois entités du monde. Car les êtres humains ne sont pas seulement des êtres de raison (dialogique), capables de concevoir les trois constituants fondamentaux du monde, ce sont aussi des êtres d'imagination capables de se les représenter. C'est pourquoi, partout où il y a de l'humanité, même de façon inchoative dans la prime enfance, il existe trois grands types de pratiques représentatives. Les hommes représentent par des images des choses dans l'espace : des choses pures, c'est-à-dire sans événements. Ces images sont identifiables. On en rend raison comme des choses qu'elles représentent : « Qu'est-ce que c'est ? » Les hommes représentent aussi par des musiques (rythmes, mélodies, harmonies) des événements dans le temps : des événements purs, sans choses, qui s'enchaînent causalement les uns les autres[30]. Ces musiques sont toujours partiellement prévisibles. On rend raison de ces représentations comme des événements eux-mêmes, par leurs causes : « Pourquoi cela arrive-t-il ? Que peut-t-il se passer ? » Les hommes représentent enfin des personnes agissantes par des récits. Les personnes (au sens large, car n'importe quoi peut être « personnifié ») expriment ce qu'elles sont par ce qu'elles font. Elles agissent conformément à leur

29 Voir ci-dessus p. 77-84.

30 C'est plus particulièrement à l'analyse des principes anthropologiques et des conséquences esthétiques de la musique que je me suis consacré dans *Pourquoi la musique ?* dont le propos universaliste est bien rappelé ci-dessus p. 78 et p. 83.

identité (comme des choses) mais aussi en fonction des événements et de leur libre choix. On en rend raison par la question « *qui* ? » : « Qui est-il ou elle ? » ou « Qui fait (ou a fait) cela ? ». Ainsi en va-t-il des personnages dans les récits : leur action se conforme à leur caractère mais se heurte en permanence aux événements du monde et à l'action des autres personnages.

Il y a donc un triangle de la représentation imaginaire (images, musiques, récits) correspondant au triangle ontologique (choses, événements, personnes) du « qu'est-ce ? », du « pourquoi ? » et du « qui ? ». Dans les deux cas, le triangle est ouvert : trois sommets mais seulement deux côtés, parce qu'aucun segment ne relie choses et événements. En effet, ontologiquement, il y a une infinité d'entités réelles intermédiaires entre choses et personnes (à commencer par les « animaux »), comme entre événements et actes (la pluie, le big bang, la chute de l'avant-centre dans la surface de réparation, etc.) – tout cela varie selon les cas, les cultures, les croyances – mais il n'y a pas d'entités qui tiennent à la fois des choses et des événements : ces deux genres demeurent opposés, conformément à la distinction syntaxique du sujet (dont on parle) et du prédicat (qu'on en dit). De même, selon la fusion des différents modes de représentation, la variété des modes d'expression ou la diversité des médias, il y a une infinité d'arts réels ou possibles entre musique et récit, tantôt plus près de l'une, tantôt plus près de l'autre (l'opéra, la chanson, la poésie, et même le ballet, etc.), comme entre récit et image (le cinéma, le polyptyque, la b-d, etc.). Mais, parce que ce sont deux types d'art homologues, il n'y a pas et il ne peut pas y avoir d'art musical de l'image, ou de peinture des événements : ce troisième côté demeure vide. On ne rend pas raison des choses comme on rend raison des événements, et on ne peut pas confondre les « Qu'est-ce que c'est ? » avec les « Pourquoi ? », sinon au risque de poser des questions mal formées comme « Pourquoi y a-t-il quelque chose plutôt que rien[31] ? ».

On voit que si mon ontologie n'est rien d'autre que mon anthropologie, il en va de même de mon esthétique.

Alain Policar affirme que je ne me « contente pas de parler juste », je « parle également neuf » (ci-dessus p. 14). Ce n'est pas à moi de décider du

31 Voir ci-dessus p. 32 qui renvoie à « Une question hybride » dans *Pourquoi y a-t-il quelque chose plutôt que rien ?*, P.U.F. collection « MétaphysiqueS », 2013. Un autre concept hybride, celui de temps, est rappelé ci-dessus p. 35.

premier point. Quant au second, je dirais seulement ceci. Ma philosophie est peut-être « neuve » mais non son programme. Ce qu'elle comporte de neuf, c'est une décision, prise avant même que j'eusse rien publié, de faire de la philosophie d'une façon qui corresponde à ce qui, depuis Platon, s'est toujours appelé philosophie et que l'on nomme parfois « philosophie générale », comme s'il y en avait une autre. Autrement dit, une entreprise de raison vouée à éclairer la diversité des expériences humaines, qui s'efforce de poser rigoureusement des questions métaphysiques, épistémologiques ou morales, et d'y répondre par des concepts et des arguments. Celle-ci, la mienne donc, ne fait pas exception.

Il est vrai qu'il y eut, dans la deuxième moitié du siècle dernier, divers courants philosophiques qui, posant que « la » métaphysique (voire la philosophie) a épuisé tous ses possibles, en concluaient qu'il fallait désormais se borner à en refaire l'histoire ou à en déconstruire les présupposés ; qu'il convenait donc de laisser les « grandes questions » et l'argumentation raisonnée à l'interrogation populaire. Mais sans arguments, la philosophie est nue, et sans objet hors d'elle-même, elle est vaine. Il n'en reste qu'un discours péremptoire, pédant et opaque. Aussi vide qu'une image qui ne serait image de rien ou qu'une ligne mélodique si rigoureusement imprévisible qu'elle ne serait ni linéaire ni mélodique. Car à la même époque, les mêmes raisons historiques et politiques conduisaient des praticiens de l'art à s'affranchir du récit dans les arts narratifs, de la représentation dans les arts de l'image, ou de la mélodie, de l'harmonie ou des modes dans la musique, tous moyens d'expression qui devaient être bannis des institutions savantes. C'était l'époque de la « musique contemporaine », dont la musique savante peine à sortir. La « philosophie contemporaine », elle, en est sortie. Mais si l'on peut philosopher *après* le XXe siècle, c'est à condition de ne pas chercher à philosopher *contre* lui, c'est donc à condition de s'efforcer de reposer rigoureusement les questions classiques tout en concédant le bien-fondé de ses critiques. Ni construire du neuf, ni déconstruire l'ancien, mais remettre l'ancien à neuf.

C'est ce que j'ai voulu faire. M'appuyer sur l'histoire de la philosophie, non pas (seulement) pour interpréter les œuvres ou les réduire à leur « impensé », mais pour y repérer des « figures de la pensée » constantes : rendre les textes du passé à leur propre intention de vérité en y puisant des concepts et des arguments. Être plus fidèle au passé de la philosophie que ceux qui la réduisent à son passé. J'ai ainsi installé mon atelier principal dans l'âge classique grec pour y forger quelques-uns de mes concepts, logos, « principe », « prédication », « substance », et mes deux questions maîtresses : « Qu'est-ce que ? » et « Pourquoi ? ». Refaire de la métaphysique, mais en la soumettant au « tournant linguistique » de la philosophie contemporaine du siècle dernier : le monde est tout ce qu'on peut en dire. Se méfier des essences, mais croire aux impératifs immanents du sens. J'ai ainsi ramené la métaphysique du Ciel (l'âme et Dieu) sur la terre, c'est-à-dire dans notre monde humain, celui dont nous nous parlons, tout en déconstruisant les concepts issus de l'ancienne métaphysique. Reposer la question de la « nature humaine », mais en la dégageant de ses configurations historiques. J'ai ainsi remis le concept d'être humain au centre des questions épistémologiques et morales, mais sans nier la diversité de ses réalisations historiques. Reprendre rationnellement les questionnements ontologiques les plus abrupts (« qu'est-ce que le temps ? », « pourquoi y a-t-il quelque chose plutôt que rien ? »), mais en les resituant dans les limites de l'expérience humaine. Concéder aux critiques de la « raison » qu'une rationalité verticale a des effets uniformisateurs et dévastateurs, mais poser que la rationalité humaine, dans ce qu'elle a de constant, n'est que le moyen universel et horizontal de mise en commun du monde. Contre toutes les formes post-modernes de nihilisme et de relativisme, j'ai voulu reposer les questions épistémologiques, morales et esthétiques dans toute leur naïveté (qu'est-ce qui est vrai ? qu'est-ce qui est bien ? qu'est-ce qui est beau ?) ; j'ai même soutenu à leur propos les thèses les plus radicalement intempestives, comme *l'objectivité* du vrai, du bien et du beau, dès lors que nous n'avons plus d'autre critère, aujourd'hui, de l'objectivité en question que l'accord ultime des esprits entre eux et avec l'expérience.

En somme, j'ai voulu être fidèle à ce que le mot de philosophie veut dire. J'assume donc avoir échafaudé, depuis quelques décennies, ce qui apparaît comme *une* philosophie. Ce n'est pas seulement un style : une certaine vision transversale des problèmes et la croyance en la destination universelle de la vérité que permet la clarté conceptuelle et argumentative. Il y a au moins un air de famille entre mes thèses ontologiques, historiques, épistémologiques, morales et esthétiques : elles ont toutes le même visage humain. Il y a peut-être plus encore. Alain Policar y voit quelque chose comme un « système ». Malgré ce que le mot charrie de dogmatique et de totalisant, je suis prêt à l'admettre si c'est ainsi qu'on nomme l'unité ultime à l'horizon de toute pensée philosophique.

J'ai conçu l'ensemble du pensable et du dicible comme un monde. J'en suis l'architecte, et il est, lui, le maître de cet ouvrage. Car ce monde, il l'a fait sien. Il permet ainsi à d'autres de s'en emparer. Il y a tracé son chemin. À chaque lecteur d'en faire autant.

Francis WOLFF

BIBLIOGRAPHIE

Andler Daniel, 2016, *La silhouette de l'humain. Quelle place pour le naturalisme dans le monde d'aujourd'hui ?*, Paris, Gallimard.

Appiah Kwame, [2006] 2008, *Pour un nouveau cosmopolitisme*, trad. fr., Paris, Odile Jacob, 2008.

Baechler Jean, 2014 ? *Qu'est-ce que l'humain ? Liberté, finalité, rationalité*, Paris, Herrmann.

Balibar Étienne, 24-10-1997, « Après l'utopie, l'imagination ? », *Le Monde.*

Benoist Jocelyn, 2019, « Dire dans le monde », *in* Juliette Lemaire et Julie Giovacchini (dir.), *Les amis et les disciples. Mélanges offerts à Francis Wolff, Journal of Ancient Philosophy*, Supplementary, volume 1, p. 134-148.

Benveniste Émile, 1966, *Problèmes de linguistique générale*, I, Paris, Gallimard.

Bimbenet Étienne, 2010, « Pour une approche phénoménologique de l'attention conjointe », *Alter*, n° 18, p. 93-110.

Bimbenet Étienne, 2015, *L'invention du réalisme*, Paris, Cerf.

Bimbenet Étienne, 2017, *Le complexe des trois singes. Essai sur l'animalité humaine*, Paris, Seuil.

Bimbenet Étienne, 2019, « Les grands arguments d'Aristote et de Descartes. Francis Wolff sur notre humanité » *in* Juliette Lemaire et Julie Giovacchini (dir.), *Les amis et les disciples. Mélanges offerts à Francis Wolff, Journal of Ancient Philosophy*, Supplementary Vol. 1, p. 132-148.

Boisvert Anne-Marie, 2012, « Recension du *Ciment des choses* », *Philosophiques*, n° 1, p. 318-327.

Brandom Robert, [1994] 2011, *Rendre explicite*, trad. fr., Paris, Cerf.

Chalmers David, [1996] 2010, *L'esprit conscient*, Paris, Ithaque.

Chamoiseau Patrick, 2017, *Frères migrants*, Paris, Seuil.

Chapouthier Georges et Policar Alain, 2015, « La néoténie humaine, une idée à relancer », *Pour la science*, n° 452, juin, p. 14-15.

Chevassus-au-Louis Nicolas et Tiercelin Claudine, mai 2012, « La philosophie doit être scientifique », *La Recherche*, n° 464, p. 78.

Clavier Paul, 2019, « Le retour de la théodicée et le défi de la "théodicée du retour" », *in* Juliette Lemaire et Julie Giovacchini (dir.), *Les amis et les disciples. Mélanges offerts à Francis Wolff, Journal of Ancient Philosophy*, Supplementary Vol. 1, p. 149-172.

Clementz François, 2014, « Métaphysique du rationalisme, rationalité de la métaphysique », *in* Tiercelin Claudine (dir.), *La reconstruction de la raison. Dialogues avec Jacques Bouveresse*, Paris, Collège de France, p. 133-147.

Comte-Sponville André, 2020, « Nous avons été spinozistes », *Les Cahiers de l'Herne* (consacrés à A. Comte-Sponville), p. 63-81.

Détienne Marcel, 1967, *Les Maîtres de vérité dans la Grèce archaïque*, Paris, François Maspero.

Davidson Donald, [1980] 1993, *Essays on Actions and Events*, trad. fr. P. Engel, *Actions et événements*, Paris, PUF.

Droit Roger-Pol, 5-11-2017, « Ni dieu ni bête » (à propos de *Trois utopies contemporaines*), *Le Monde*, p. 12.

El Murr Dimitri, 2014, « Why the Good ? Appareance, Reality and the Desire for the Good in *Republic* VI, 504b-506d », *Methexis. International Journal for Ancient Philosophy*, 27/1, p. 47-60.

Engel Pascal, 1999, « Retour aval », *Les Études Philosophiques*, n° 4, p. 453-463.

Engel Pascal, 2008, « Le naturalisme sans la nature ? », *Le Débat*, n° 152, novembre-décembre, p. 123-128.

Engel Pascal, 20-6-2015, « Le réalisme kitsch », *Zilsel* « https://zilsel.hypotheses.org/2103 (consulté le 4/11/2020) ».

Engel Pascal 2019, *Les vices du savoir. Essai d'éthique intellectuelle*, Paris, Agone.

Gayon Jean et Petit Victor, 2018, *La connaissance de la vie aujourd'hui*, Paris, Iste éditions.

Girard Charles, 2019, « La sagesse de la multitude. Actualité d'un moment aristotélicien », *in* Juliette Lemaire et Julie Giovacchini (dir.), *Les amis et les disciples. Mélanges offerts à Francis Wolff, Journal of Ancient Philosophy*, Supplementary Volume, n° 1, p. 348-369.

Guillier Camille, 2017, « Les primates non humains ont-ils une théorie de l'esprit ? », *Revue de primatologie*, n° 8 « https://journals.openedition.org/primatologie/2781 (consulté le 4/11/2020) ».

Jacques Francis, 1985, *L'Espace logique* de *l'interlocution. Dialogiques II*, Paris, PUF.

Jacques Francis, 2000, *Écrits anthropologiques. Philosophie de l'esprit et cognition*, Paris, L'Harmattan.

Kistler Max, 2005, « L'efficacité causale des propriétés dispositionnelles macroscopiques » *in* Bruno Gnassounou et Max Kistler (dir.), *Causes, pouvoirs, dispositions en philosophie. Le retour des vertus dormitives*, PUF / Éditions Rue d'Ulm, collection « Les rencontres de Normal'Sup », p. 115-154.

Kuhn Thomas, [1963] 2008, *La Structure des révolutions scientifiques*, trad. fr., Paris, Champs-Flammarion, 2008.

La Barre Weston, 1954, *The Human Animal : A Personal View of the Human Species*, Chicago, University of Chicago Press.

Larmore Charles, 1997, « L'autonomie de la morale », *Philosophiques*, vol. 24, n° 2, automne, p. 313-328.

Leibniz Gottfried Wilhelm, [1710] 1969, *Essais de théodicée*, Paris, Garnier-Flammarion.

Lenclud Gérard, 2013, *L'universalisme ou le pari de la raison. Anthropologie, histoire, psychologie*, Paris, Éditions de l'EHESS.

Levinas Emmanuel, 1963, *Difficile liberté. Essais sur le judaïsme*, Paris, Albin Michel.

Levinas Emmanuel, 1976, *Noms propres*, Montpellier, Fata Morgana.

Lopes dos Santos Luiz Henrique, 2020, « Le langage est un monde », *in* F. Wolff, *Dire le monde*, Paris, Fayard, p. 377-391.

Lowe Edward Jonathan, 1998, *The Possibility of Metaphysics, Substance, Identity, and Time*, Oxford, Clarendon Press.

Macherey Pierre, 2001, « Francis Wolff. Dire le monde », *Les études philosophiques*, 1, n° 56, p. 109-116.

McDowell John, [1994] 2007, *L'Esprit et le Monde*, Paris, Vrin.

Marrou Élise, 2020, « Dire sous condition(s) », *in* F. Wolff, *Dire le monde*, Paris, Fayard, p. 473-495.

Mehler Jacques et Dupoux Emmanuel, 1990, *Naître humain*, Paris, Odile Jacob.

Mestiri Soumaya, 2013, « Déconstruire la démocratie épistémique ? Remarques sur le procéduralisme épistémique d'Estlund », *Philosophiques*, automne, 40 (2), p. 433-455.

Montaigne, [1580] 1965, *Essais*, I, Paris, PUF.

Moulines Carlos Ulises, 2020, « Un monde contradictoire est-il possible ? », in F. Wolff, *Dire le monde*, Paris, Fayard, p. 399-419.

Mulligan Kevin, 2000, « Métaphysique et ontologie », *in* Pascal Engel (dir.), *Précis de philosophie analytique*, PUF, p. 5-34.

Nagel Ernst, 1961, *The Structure of Science. Problems in the Logic of Scientific Explanation*, San Diego, Harcourt, Brace et World.

Nef Frédéric, 2017, *L'Anti-Hume. De la logique des relations à la métaphysique des connexions*, Paris, Vrin.

Nucci Larry P. et Turiel Elliot, 2013, « Le domaine moral et le domaine personnel », *in* Laurent Bègue, Laurent Bachler, Catherine Blatier et Nathalie Przygodzki-Lionet, *Psychologie du jugement moral. Textes fondamentaux et concepts*, Paris, Dunod, p. 171-195.

Policar Alain, 2013, « Bolk Louis », *in* Pierre-André Taguieff (dir.), *Dictionnaire historique et critique du racisme*, Paris, PUF (Quadrige), p. 224-227.

Policar Alain, 2015, *Ronald Dworkin ou la valeur de l'égalité. Le juste, le bien, le vrai*, Paris, CNRS éditions.

Pouivet Roger, 2006, « Disposition » *in* Michel Blay (dir.), *Dictionnaire des concepts philosophiques*, Larousse / CNRS éditions, p. 222.

Proust Joëlle, 2003, *Les animaux pensent-ils ?*, Paris, Bayard.
Ricœur Paul, 1978, *Le Mal*, Genève, Labor et Fides.
Rosch Eleanor, 1973, « Natural Categories », *Cognitive Psychology*, n° 4, p. 328-350.
Salanskis Jean-Michel, 2019, « Lieux de Francis Wolff » *in* Juliette Lemaire et Julie Giovacchini (dir.), *Les amis et les disciples. Mélanges offerts à Francis Wolff, Journal of Ancient Philosophy*, Supplementary Volume, n° 1, p. 468-480.
Sapir Edward, 1929, « The Status of Linguistics as a Science », *Language*, 5, p. 207-214.
Sayre-McCord Geoffrey, [1988] 1999, « La théorie morale et l'absence de pouvoir explicatif » *in* Ruwen Ogien (dir.), *Le réalisme moral*, Paris, PUF, p. 205-246.
Sève Bernard, 2019, « La méthode de symétrie chez Francis Wolff », *in* Juliette Lemaire et Julie Giovacchini (dir.), *Les amis et les disciples. Mélanges offerts à Francis Wolff, Journal of Ancient Philosophy*, Supplementary Volume, n° 1, p. 481-493.
Sperber Dan, 1974, « Contre certains a priori anthropologiques » in E. Morin et M. Piatelli-Palmarini (dir.), *L'unité de l'homme*, Seuil, p. 491-507.
Sperber Dan, 1998, « Réponse à Gérard Lenclud », *Communications*, 66, p. 185-192.
Strawson Peter, 1985, *Analyse et métaphysique. Une série de leçons donnée au Collège de France en mars 1985*, Paris, Vrin.
Tassin Étienne, 2017, « Cosmopolitique et xénopolitique », *Raison présente*, n° 201, 1er trimestre, p. 99-107.
Thomas-Fogiel Isabelle, 2018, « La ruée vers le réel », *in* Emmanuel Alloua et Élie During (dir.), *Choses en soi. Métaphysique du réalisme*, Paris, PUF, p. 27-40.
Tiercelin Claudine, 2012, *Le Ciment des choses. Petit traité de métaphysique scientifique réaliste*, Paris, Ithaque.
Tomasello Michael et Call Josep, 1997, *Primate Cognition*, Oxford, Oxford University Press.
Tomasello Michael *et al.*, 2005, « Understanding and Sharing Intentions : the Origins of Cultural Cognition », *Behavorial and Brain* Sciences, n° 28, p. 675-735.
Tomasello Michael, 2008, *Origins of Human Cognition*, Cambridge, MIT Press.
Vidal Pierre, 2019, *Francis Wolff. Moments de vérité*, Orthez, Éditions Gascogne.
Vidal-Naquet Pierre, 1976, « Grèce », *Encyclopœdia Universalis*, Paris, vol. VII, p. 1009.
Virvidakis Stélios, 1996, *La robustesse du bien. Essais sur le réalisme moral*, Nîmes, Éditions Jacqueline Chambon.
Waldron Jeremy, 1995 ? « The Wisdom of the Multitude : Some Reflections on Book 3, Chapter 11 of Aristotle's Politics », *Political Theory*, 23 (4), p. 563-584.

Whorf Benjamin Lee, 1954, *Thought and Reality*, Boston, MIT Press.

Wittgenstein Ludwig, [1953] 2014, *Recherches philosophiques*, trad. fr., Paris, Gallimard.

Wolff Francis, 1983, « Démocratie et vérité », *Manuscrito*, Campinas, Brésil, vol. 6, n° 2, p. 151-171.

Wolff Francis, 1991, *Aristote et la politique*, Paris, PUF.

Wolff Francis, 1995, « Trois techniques de vérité dans la Grèce classique. Aristote et l'argumentation », *Hermès*, CNRS éditions, n° 15, p. 41-71.

Wolff Francis, 1995, « Le mal », *in* Denis Kambouchner (dir.), *Notions de philosophie, III*, Paris, Gallimard (Folio), p. 151-220.

Wolff Francis, [1997] 2004, *Dire le monde*, Paris, Quadrige.

Wolff Francis, [2000] 2016, *Penser avec les Anciens*, Paris, Fayard.

Wolff Francis, 2000, « Foucault, l'ordre du discours et la vérité », *Cahiers philosophiques*, n° 83, p. 7-32.

Wolff Francis, 2000, « Une physique matérialiste est-elle soluble dans l'indéterminisme ? Le *clinamen* dans l'atomisme épicurien », *Ontology Studies, Cuadernos de Ontologia*, n° 1. « http://www.franciswolff.fr/wp-content/uploads/2017/07/Clinamen.pdf (consulté le 4/11/2020) ».

Wolff Francis, 2000, « Les principes de la science chez Aristote et Euclide », *Revue de Métaphysique et de Morale*, n° 105/3, juillet-septembre, p. 329-362.

Wolff Francis, 2005, « Aristote face aux contradictions du temps » *in* Jean-François Balaudé et Francis Wolff, *Aristote et la* pensée du temps, Paris, Presses de l'université Paris-X Nanterre. « http://www.franciswolff.fr/wp-content/uploads/2017/07/Aristote-face-aux-contradictions-du-temps.pdf (consulté le 4/11/2020) ».

Wolff Francis, 2005, « Vers une épistémè de l'épistémè grecque. Les techniques de vérité à l'âge classique grec » Journée Foucault, travaux actuels, ENS, 12 mars, « http://www.franciswolff.fr/tag/foucault (consulté le 4/11/2020) ».

Wolff Francis, 2005, « Je et maintenant », *in* Sacha Bourgeois-Gironde, *Les formes de l'indexalité. Langage et pensée en contexte*, Paris, Rue d'Ulm éditions. « http://www.franciswolff.fr/wp-content/uploads/2017/07/Je-et-maintenant.pdf (consulté le 4/11/2020) ».

Wolff Francis, 2006, « Qui sont les inventeurs de la politique ? », *in* Adauto Novaes, Francis Wolff, Nicole Loraux, Sergio Cardoso (dir.), *Les aventures de la raison politique*, Paris, Métailié. « http://www.franciswolff.fr/wp-content/uploads/2017/07/Les-inventeurs-de-la-politique.pdf (consulté le 4/11/2020) ».

Wolff Francis, 2007, « Introduction », *in* F. Wolff (dir.), *Pourquoi y a-t-il quelque chose plutôt que rien ?*, Paris, Éditions Rue d'Ulm et PUF, p. 9-25.

Wolff Francis, 2007, « Une question hybride ? », *in* F. Wolff (dir.), *Pourquoi y a-t-il quelque chose plutôt que rien ?*, Paris, Éditions Rue d'Ulm et PUF, p. 81-112.

Wolff Francis, [2007] 2011, *Philosophie de la corrida*, Paris, Fayard (Pluriel).
Wolff Francis, 2010, *50 raisons de défendre la corrida*, Paris, Mille et une nuits.
Wolff Francis, 2010, « Quel Dieu ? Quel mal ? » *in* Antoine Grandjean (dir.), *Théodicées*, Hildesheim/Zürich / New York, Georg Olms Verlag, p. 171-188.
Wolff Francis, 2010, *Notre humanité. D'Aristote aux neurosciences*, Paris, Fayard.
Wolff Francis, 2011, « Le temps comme concept hybride », *Revue de métaphysique et de morale*, n° 4, octobre, p. 487-512.
Wolff Francis, 2014, « Résister à la réduction. Entretien avec Franck Renucci », *Hermès*, n° 68, p. 177-182.
Wolff Francis, 2014, « La question de l'homme aujourd'hui », *Le Débat*, n° 180, mai-août, p. 18-30.
Wolff Francis, 2015, *Pourquoi la musique ?*, Paris, Fayard.
Wolff Francis, 2015, « Comprendre le discours musical », Entretien avec Franck Renucci, *Hermès*, n° 72, p. 143-149.
Wolff Francis, 2016, « Ce que *L'Homme neuronal* nous a fait penser », *in* Michel Morange, Francis Wolff et Frédéric Worms (dir.), *L'Homme neuronal, trente ans après*, Paris, Rue d'Ulm, p. 41-52.
Wolff Francis, 2016, « Entretien avec Martin Legros », *Philosophie magazine*, n° 100, p. 58-63.
Wolff Francis, 2016, « Pourquoi la dialectique ? », *in* Jean-Baptiste Gourinat et Juliette Lemaire (dir.), *Logique et dialectique dans l'Antiquité*, Paris, Vrin, p. 21-41.
Wolff Francis, 2016, *Il n'y a pas d'amour parfait*, Paris, Fayard.
Wolff Francis, *Trois utopies contemporaines*, Paris, Fayard, 2017.
Wolff Francis 2018, « De l'inévitabilité rationnelle de l'idéalisme à la nécessité logique du réalisme », *in* Emmanuel Alloua et Élie During (dir.), *Choses en soi. Métaphysique du réalisme*, Paris, PUF., p. 185-200.
Wolff Francis, 2018, « Langage et métaphysique » *in* Gilles Kévorkian (dir.), *Métaphysiques contemporaines*, Paris, Vrin, p. 23-47.
Wolff Francis, 2018, « Les trois utopies européennes », *L'Ours*, n° 82-83, janvier-juin, p. 159-168.
Wolff Francis, 2018, « Why There Was No Galileo in Ancient Greece ? », XII International Ontology Congress, octobre.
Wolff Francis, 2019, « Science grecque et démocratie. Ou pourquoi il n'y eut pas de Galilée en Grèce ancienne », Journée Bram, 18 janvier, « https://savoirs.ens.fr/expose.php?id=3807 (consulté le 4/11/2020) ».
Wolff Francis, 2019, « Cosmopolitisme, stade suprême de la démocratie », *in* Alain Policar (dir), *Le cosmopolitisme sauvera-t-il la démocratie ?*, Paris, Classiques Garnier, p. 29-46.
Wolff Francis, 2019, « Nous avons tous été philosophes », *in* Jean Birnbaum (dir.), *Tous philosophes ?*, Paris, Folio Gallimard, p. 41-56.

Wolff Francis, 2019, *Plaidoyer pour l'universel*, Paris, Fayard.

Wolff Francis, 2020 « Tentative de définition du philosophe André Comte-Sponville », *Les Cahiers de l'Herne*, (consacrés à André Comte-Sponville), p. 13-18.

Wolff Francis, 2020, « Avertissement de la présente édition », *in* Francis Wolff, *Dire le monde*, Fayard (Pluriel), p. 7-9.

Worms Frédéric, 2019, « L'humanisme rationnel de FW (Francis Wolff) », *in* Juliette Lemaire et Julie Giovacchini (dir.), *Les amis et les disciples. Mélanges offerts à Francis Wolff, Journal of Ancient Philosophy*, Supplementary Volume, n° 1, p. 426-431.

INDEX DES NOMS

TABLE DES MATIÈRES

IMPRIM'VERT®

Achevé d'imprimer par Corlet,
Condé-en-Normandie (Calvados), en mai 2021
N° d'impression : 21040796 - dépôt légal : mai 2021
Imprimé en France